Inhalt

## Vorwort
## Was in die Kindheit schien

»Könnten Sie uns ein Buch über Göttingen schreiben, so wie Sie es über Pommern getan haben?«

Diese Anfrage ließ sich sofort und eindeutig beantworten: Nein, das könnte ich nicht.

»Aber warum denn nicht?«

Das allerdings erwies sich als eine unerwartet schwierige Frage, der ohne Bedacht nicht mehr beizukommen war. In Göttingen habe ich 1947 mit dem Studium angefangen und es 1954 abgeschlossen, meine akademische Laufbahn begonnen und 1961 meine erste Professur übernommen, 1964 ein Haus gebaut, Bäume gepflanzt, einen Garten angelegt. Hier lebe ich mit Familie, Enkelkindern und Katze, hier bin ich zu Hause: zweiundvierzig Jahre insgesamt – gegen nur siebzehn in Pommern!

Doch es ist seltsam: Noch immer haftet am Hiersein etwas Oberflächliches und Vorläufiges. Immer wieder geschieht es, daß ich die Barfüßer- mit der Jüdenstraße verwechsle, die ich vielhundertfach durchschritt, oder daß ich dem Wegsuchenden mit Ratlosigkeit begegne, so als sei ich kein Einheimischer, sondern in der Fremde wie er. In Pommern dagegen – genauer: im ländlichen Hinterpommern, in Rumbske, Kreis Stolp –, da kenne ich mich aus. Nach vierzig Jahren der Abwesenheit finde ich unfehlbar den Pfad zum Moorsee, obwohl er ganz überwachsen, im Gerank geheimnisvoll entschwunden ist wie im Märchen der Zutritt zum Schloß, in dem das Dornröschen schläft.

Woran liegt das, was macht den Unterschied aus? Offenbar dies: daß ich dort ein Kind war – und daß dieses Lebensalter zwar durchaus nicht schwerer, aber ganz anders wiegt als das des Erwachsenen. Was im Frühen geschah, was in die Kindheit schien, das verliert sich nicht; unser Älter- und Altwerden kann ihm kaum etwas anhaben. Ganz im Gegenteil: Je tiefer in die Abenddämmerung hinein, desto mächtiger drängt wieder hervor, was einmal war.

Ich träum' als Kind mich zurücke
Und schüttle mein greises Haupt;
Wie sucht ihr mich heim, ihr Bilder,
die lang' ich vergessen geglaubt?

So beginnt ein Gedicht, das vor anderthalb Jahrhunderten geschrieben wurde – von einem Flüchtling aus Frankreich, der zum deutschen Dichter wurde, von Adelbert von Chamisso.

In ihrem letzten, dem vierundneunzigsten Lebensjahr wunderte sich meine Mutter sehr darüber, daß sie auf einmal französisch träumte. Aber sie hatte einst eine Bonne, ein Kinderfräulein aus Frankreich gehabt; ihr erstes Vortasten in die Sprache hinein war darum nicht deutsch, sondern französisch geleitet worden. Und wie genau konnte meine Mutter noch Fontanes Verse vom Birnbaum im Garten des Herrn von Ribbek auf Ribbek im Havelland hersagen – und wie lebhaft, mit leuchtenden Augen davon berichten, daß es sich in Wahrheit um Klaus Groth gehandelt habe, den niederdeutschen Dichter, diesen alten Mann mit dem schönen Bart, der hinter seinem Gartenzaun in Kiel wartete und der »lütt Dirn«, dem kleinen Mädchen im Matrosenkleid, Bonbons zusteckte.

In der Kindheit also und nirgendwo sonst ist das angelegt, was wir Heimat nennen. Wie aus dem Anbeginn der Schöpfung, mit allen seinen Sinnen nimmt ein Kind die Umgebung in sich auf, und neben Auge und Ohr, nahe am Ertasten, am Greifen und Begreifen mit seinen Händen, ist sogar die Nase wichtig, die Vielfalt, die Eindringlichkeit der Gerüche.

Ja, Heimat riecht: für den Jungen aus Hinterpommern zum Beispiel nach dem Sommerdunst im Heu und nach herbstlichen Kartoffelfeuern, nach fangfrisch geräucherten Flundern an der Ostsee und nach Spickgänsen, die in ihrer Kammer auf dem Dachboden reifen, nach den Kaffeebohnen, die die Mamsell in einer eisernen Trommel über dem Herdfeuer röstet, nach Entengrütze und dem Modder am Dorfteich. Der Geruchssinn bindet, wie das Begreifen mit der Hand, an Kreatur und Natur, und getreulich bewahrt er, was einmal war. Ein Anhauch genügt, um sofort uns zurückzuversetzen; mit den Gerüchen steigen frisch wie am ersten Tag die Bilder herauf, die sonst in ihrer Überfülle sich verwischen und verdrängen.

Dagegen dürften die materiellen Verhältnisse weit weniger wiegen. Ob Schloß oder Kate, Patrizierhaus oder Hinterhof, das ist schwerlich entscheidend. Wie Ernst Moritz Arndt gesagt hat: »Und seien es kahle Felsen und öde Inseln, und wohne Armut und Mühe dort mit dir, du mußt das Land ewig lieb haben; denn du bist ein Mensch und sollst nicht vergessen, sondern behalten in deinem Herzen.«*

Wichtig ist allerdings, daß die Umstände der Kindheit halbwegs stabil bleiben. Ein Wanderzirkus mag durchaus Heimat sein. Aber gibt es nicht Menschen, die nur schweigen oder verständnislos den Kopf schütteln, wenn von Heimat die Rede ist, etwa weil der Vater als Offizier, als Verwaltungsbeamter ständig versetzt wurde oder weil die Ehe der Eltern zerbrach und dann ein Irrgang ohne Ausweg durch Kinderheime und Internate begann? Womöglich drängen die modernen Lebensverhältnisse überhaupt dazu, daß immer weniger das Bleiben, immer mehr das Verändern,

* Sternchen im Text verweisen auf die Anmerkungen ab Seite 165.

das Umherziehen und Fortkommen den Horizont unserer Ängste und Hoffnungen, unserer Träume und Alpträume bestimmen.

Aber werden nicht, eben damit, zugleich die Verluste fühlbar? Ist es vielleicht so, daß Heimat erst wirklich versteht, wer sie verlor und aus der Fremde im Heimweh zurückschaut? Ist sie das Verlorene? Muß man das Schicksal der Heimatvertriebenen in dem Sinne exemplarisch nennen, daß über sie noch weit und grundsätzlich hinausreicht, daß allgemein geworden ist, was ihnen widerfuhr? Und falls es so wäre: Ließe sich das Schicksal wenden? Kann man im Erinnern das Verlorene zurückgewinnen, gibt es Wege zur Heimkehr?

Soll man im übrigen ein allgemeines Natur- und Menschenrecht auf die Heimat einklagen, so wie im Jahre 1776 die amerikanische Unabhängigkeitserklärung ein Anrecht auf Glück proklamiert und eingeklagt hat? Meint Heimat eine besondere Gestalt dieses Glücks?

Darf man indessen das eigene Recht auf die Heimat mit Ansprüchen gegen andere befrachten? Oder keimt in solchen Ansprüchen insgeheim schon das Unrecht?

Fragen über Fragen, fast beliebig zu vermehren. Aber man kann sie in der einen zusammenfassen: Heimat – was ist das eigentlich?

Ich will hier die Antwort versuchen. Dabei gehe ich von eigenen Erfahrungen aus. In drei Büchern habe ich von meiner Heimat und von ihrer Zerstörung, ihrem Verlust erzählt: ›Die Reise nach Pommern‹, ›Die Reise nach Pommern in Bildern‹ – zusammen mit dem Bildautor Dirk Reinartz, ›Die Stunde der Frauen‹ – nach dem Bericht meiner Schwester Libussa Fritz-Krockow. Diese Bücher haben ein großes Echo, eine Springflut von Briefen ausgelöst, bewegt und bewegend, begeistert oder bitter, fragend und fordernd, meist mit Nachdruck zustimmend, manchmal ablehnend und mitunter voll Haß. Zu meinen Erfahrungen gehört darum auch, wie sehr Heimat ein deutsches Thema ist, das niemanden gleichgültig läßt.

Christian Graf von Krockow
Göttingen, im März 1989

# Erstes Kapitel:
# Die Entdeckung der Heimat

## Am Fenster der Nacht

Ich erinnere mich, ich sehe mich selbst, so genau, als sei es gestern gewesen: am offenen Fenster, mit verhaltenem Atem, um den eigenen Pulsschlag nicht zu versäumen – und vor allem den Nachtwind nicht, der so sanft, Blatt um Blatt nur, die Blutbuche regt. Unterm Mondlicht glänzt zwischen alten Bäumen der Teich; dahinter, in die Weite der Wiesen hinaus, lagert der Nebel. Etwas bewegt sich im Schilf, die Wildente vielleicht, im Flügelschlag des Traums oder vom Anruf des Käuzchens.

Fast ein halbes Jahrhundert reicht diese Erinnerung nun schon zurück, bis zum Sommer 1943, um exakt zu sein. Der grimmig alternde Krieg, Stalingrad vorüber und die Siegesfanfaren verstummt, aber die Panzerschlacht bei Kursk, die Alliierten in Sizilien, Sirenengeheul, Hamburg im Feuersturm. Und wir, die noch längst nicht Erwachsenen, an Geschütze geholt, Soldaten zu ersetzen. Urlaub jetzt also, karg genug, für zweimal vierzehn Tage im Jahr.

Niemand wagte bis dahin, es auszusprechen, auch kein klarer Gedanke hatte es jemals gesagt, aber den Sechzehnjährigen an seinem Fenster zur Nacht springt unversehens der Schmerz an wie ein reißendes Tier. Er fühlt auf einmal, er weiß: Diese Stille ist verloren. Und mit ihr das Haus und der Park, unser Leben hier. Nichts wird bleiben, wenn nicht die Erinnerung es bewahrt. Darum sieh hin, höre die Stimmen, präge dir noch einmal die Düfte ein, behalte!

Das war nicht das Ende einer Heimat, sondern ihr Anfang. Denn sie beginnt im Verlust. Vielmehr, schärfer: sie ist das Verlorene. Zwar wird Heimat mit jedem Kinde neu geboren, als ein Element seiner Möglichkeiten zum Glück oder Unglück, und allmählich wächst sie ihm zu. Aber es weiß nichts davon. Erst der Riß im Vorhang des Selbstverständlichen, die Entfernung öffnet den Blick und das Herz.

Bald werd' ich dich verlassen,
fremd in die Fremde gehen ...

So steht es in einem Gedicht Joseph von Eichendorffs. ›Abschied‹ heißt sein Titel, mit dem Zusatz versehen: »im Walde von Lubowitz«.

## Die Erfahrung der Dichter

Ach, Eichendorff! Sein Gedicht beginnt, allbekannt:

> O Täler weit, o Höhen
> o schöner, grüner Wald,
> du meiner Lust und Wehen
> andächt'ger Aufenthalt!

Wie wohl kein zweiter unter den Dichtern hat Eichendorff uns ins Gemüt geschrieben, was Heimat bedeutet. Fast möchte man meinen: Er hat sie gestiftet. Doch wie wäre das möglich gewesen ohne die nie vernarbte Erfahrung, sie verloren zu haben? Diese Erfahrung gilt sehr handfest: Lubowitz – das war der Ort seiner Kindheit, das Schloß der Väter und der Familienbesitz in Oberschlesien, der verkauft werden mußte.

Natürlich wären noch andere zu nennen, etwa Nikolaus Lenau – eigentlich Edler von Strehlenau – oder Novalis – Freiherr Friedrich von Hardenberg –; von Chamisso, dem Flüchtling aus Frankreich, war schon die Rede. Wir sprechen von den Romantikern und vom Zeitalter der Romantik; Nacht und Mondenschein, das Waldesweben und ein Wiesengrund, in dem der Bach rauscht, an der Mühle vorüber, sie werden ebenso empfindsam beschworen wie das Wandern und das Fortgehen in die Ferne, die Einsamkeit und die Rückwendung zum verlorenen Ursprung in Sehnsucht und Heimweh.

Es fällt auf, daß unter den Dichtern der Romantik die Vertreter oder Abkömmlinge einer alteuropäischen Lebensordnung so stark vertreten sind, und ein Zufall ist es durchaus nicht. Denn das Zeitalter der Romantik ist zugleich die Epoche eines Umbruchs und Aufbruchs. Dem Adel war das Ende seiner Vorherrschaft seit der Französischen Revolution von 1789 drastisch angekündigt worden: mit der Guillotine oder, wie Heinrich Heine sie nannte, der »welschen Falle«. Von hier aus führt ein konsequenter Weg bis nach Rußland, zur Oktoberrevolution von 1917 – und zu den Galgen von Plötzensee in Berlin 1944. Doch schon im Jahre 1835 hat der große Franzose Alexis de Tocqueville, dessen Familie zu den Opfern der Schreckensherrschaft zählte, mit »einer Art religiösen Erschauerns« die Heraufkunft der Gleichheit beschworen und geschrieben: »Von einem reißenden Fluß dahingetrieben, haftet unser Blick hartnäckig an ein paar Trümmerresten, die man noch am Ufer wahrnimmt, während die Strömung uns mit sich trägt und rücklings dem Abgrund zutreibt.«*

Wirtschaftlich betrachtet beginnt das Zeitalter der industriellen Revolution, nach seinem Ursprung in England nun auch auf dem Kontinent, auch in Deutschland. Uralte Lebensgefüge und ganze Landschaften werden damit verwandelt; das Ruhrgebiet zum Beispiel entwickelt sich zum Revier der Zechen und Schlote. Eine rapide Verstädterung setzt ein. Berlin zählt im Jahre 1800 erst 172000 – und 1910 schon 3,7 Millionen Einwohner. In Essen springen die Zahlen von 4000 auf 295000; Dortmund und Duisburg, zu Beginn des 19. Jahrhunderts in der Städtestatistik noch gar nicht geführt, erreichen ähnliche Größenordnungen.

Technisch gesehen wird das hölzerne Zeitalter vom eisernen und von dem des Dampfes abgelöst. Die Schienenstränge der Eisenbahnen fressen sich kreuz und quer, immer tiefer und dichter durchs Land; die Maschinenschiffe stampfen heran und an den Segeln vorüber. So werden die großen, die vielmillionenfachen Wanderungen möglich: vom Dorf zur Stadt, von Ost nach West, weiter und weiter hinaus in die Ferne bis nach Übersee, nach Amerika. 1832 dichtet Ferdinand Freiligrath sein Auswandererlied, das Generationen von Schulkindern auswendig lernten und das mit den Zeilen beginnt:

> Ich kann den Blick nicht von euch wenden,
> Ich muß euch anschaun immerdar;
> Wie reicht ihr mit geschäft'gen Händen
> Dem Schiffer eure Habe dar!

Melancholie stellt sich ein; gegen Ende heißt es in diesem Lied:

Wie wird das Bild der alten Tage
Durch eure Träume glänzend wehn!
Gleich einer stillen, frommen Sage
Wird es euch vor der Seele stehn.

Selbstverständlich treibt nicht Übermut die Menschen fort, sondern bittere Not heißt sie gehen – und die Hoffnung auf ein besseres Leben, sei es auch erst für die Kinder oder die Enkel. Aber die Bedingung des Aufbruchs in die Zukunft ist unerbittlich die Abwendung von dem, was einmal war und so lange seine Gültigkeit bewahrt hatte, über alles Menschengedenken zurück und hinaus.

Nicht einmal die Natur, die Landschaften und der Landbau bleiben verschont. Denn die Bedingungen des Wachstums werden jetzt neu und wissenschaftlich bestimmt; im Jahre 1840 veröffentlicht Justus von Liebig sein grundlegendes, wahrhaft epochemachendes Werk ›Die organische Chemie in ihrer Anwendung auf Agrikulturchemie und Physiologie‹. Damit beginnt für die Landwirtschaft die Epoche ihrer Ertragssteigerungen durch künstliche Düngung. Sehr bald folgen, dank Max Eyths tatkräftigem Wirken, die Urgetüme, sozusagen die Dinosaurier moderner Agrartechnik: die Dampfpflüge.*

Und die Wälder, der Lust und Wehen andächt'ger Aufenthalt? Auch sie – oder gerade sie – verändern sich von Grund auf. Denn die Eisenbahnen machen einen Massentransport des Holzes von überallher nach überallhin möglich; mit ihnen, nun erst, schlägt die Stunde einer modernen, rationell am Ertrag ausgerichteten Forstwirtschaft, während man vorher an das Flößen, das heißt an die Nähe der Wasserwege zum Meer gebunden blieb. Darum sind die dunklen und dichten, meist von Fichten geprägten Waldbestände, die wir kennen und lieben, in der Regel ein Kunstprodukt des 19. Jahrhunderts. In der älteren Zeit herrschten dagegen die eher weitläufig lichten Wälder vor, in denen betagte Eichen und Buchen am wichtigsten waren – und zwar nicht ihres Holzes wegen, sondern weil sie mit ihrer »Mast« von Eicheln und Eckern Schweineherden fett machten.*

Kurz, um zum Ausgangspunkt zurückzukehren: Wenn die Romantik unser Empfinden für die Natur weckt und Heimat entdeckt, dann ist das in der Tat nicht ein Zufall, sondern folgerichtig. Die Dichter erspüren zuerst den Umbruch und Abbruch dessen, was einmal war, sie fühlen den drohenden, den bereits akuten Verlust, für den andere noch blind sind, und wenigstens für die Erinnerung stiften sie uns, was bleibt. Ebensowenig ist es ein Zufall, daß im Zeitalter der politischen, technischen und wirtschaftlichen Revolutionen das Einsammeln von Überlieferungen beginnt, gegen die jene Strömung schon brandet, die sie dem Versinken und Vergessen zuführt. Man denke an ›Des Knaben Wunderhorn‹, die

Sammlung von Volksliedern durch Achim von Arnim und Clemens Brentano, und natürlich ans Aufzeichnen der ›Kinder- und Hausmärchen‹ durch Jacob und Wilhelm Grimm. Die Brüder wußten, was sie taten: »Es war vielleicht gerade Zeit, diese Märchen festzuhalten, da diejenigen, die sie bewahren sollen, immer seltner werden«, heißt es in ihrer Vorrede. Übrigens trug die Zeitschrift, die sie von 1813 bis 1816 herausgaben, den schönen Titel ›Altdeutsche Wälder‹.

Schließlich und nicht zuletzt ist es kein Zufall, daß mit dem 19. Jahrhundert die Stunde der historischen Wissenschaften schlägt und daß ein nie zuvor gekannter Eifer der Museumsgründungen einsetzt; genau in dem Maße, in dem Traditionen nicht mehr »natürlich« sind, in dem sie abreißen oder – zumindest – ins Unverbindliche schwinden, in diesem Maße muß jede Überlieferung neu und künstlich, als ein Kunstwerk hergestellt werden.

## Das himmlische Jerusalem und die irdische Heimat

Heimat als romantische Entdeckung, im Augenblick, da sie aufhört, selbstverständlich zu sein, als Innewerden des Verlorenen: Man kann dies auch in einer Art von Gegenprobe erkunden und bestätigt finden. Denn in der älteren Zeit, in den »vormodernen«, noch festgefügten und über Generationen hin kaum veränderten Lebensordnungen ist von Heimat nicht die Rede, jedenfalls nicht mit der inneren Bewegtheit, die die neuere Entwicklung kennzeichnet.

»Das neue Heimat kostet ihn wohl 10000 Gulden«, liest man in den ›Erlebnissen eines Schuldenbauers‹ von Jeremias Gotthelf.* Angelpunkt war sehr nüchtern der materielle Besitz, waren Haus und Hof. »Der Älteste kriegt die Heimat«, hieß es darum im Oberschwäbischen, und wenn er heiratete und den Hof übernahm, dann sagte man auch, daß an diesem Festtag die jüngeren Geschwister »ihrer Heimat zur Leiche gingen« *, weil sie nun als besitzlose Knechte oder Mägde sich verdingen mußten. Gleichzeitig allerdings gab es, in der Regel am Ort der Geburt, sogar für die Besitzlosen ein »Recht auf Heimat«, das heißt auf Aufenthalt und gegebenenfalls auf Versorgung und Armenpflege, so kümmerlich sie sein mochte.

Dieser Rechtsanspruch taugte natürlich nur zu einer im wesentlichen noch stabilen Gesellschaft und zerfiel mit ihr. Im Zeitalter der großen Wanderungsbewegungen, welche die Mobilität als das Prinzip einer neuen Gesellschaft ankündigen, werden andere Instrumente notwendig; die Sicherungssysteme des Sozialstaats, wie sie sich in

Deutschland seit den Anfängen unter Bismarck entwickeln, ersetzen die »Heimat« im alten Sinne.

Zur Nüchternheit, zum Fernhalten der Gefühle trugen aber nicht nur die materiellen Verhältnisse bei, sondern ebenso die geistlichen. Der christliche Glaube verbietet es, Heil und Heimat im Irdischen anzusiedeln. »Wir haben hier keine bleibende Stadt, sondern die zukünftige suchen wir«, heißt es in der Bibel. Wenn Paul Gerhardt sein Abendlied »Nun ruhen alle Wälder...« oder den großen Lobgesang des Sommers anstimmt, dann darf man das nicht romantisch und modern mißverstehen. Denn, so Gerhardt:

Ich bin ein Gast auf Erden
und hab hier keinen Stand;
der Himmel soll mir werden,
da ist mein Vaterland.

Im gleichen Lied wird uns eingeschärft, daß wir nur auf Abruf »in einem fremden Zelt« leben, auf der Wanderschaft zur Heimat, die wir »dort oben« beim Vater finden. Später, an der Schwelle zur industriellen Revolution, schon als Zeitgenosse der Romantik – und insgeheim von ihrer Abwehr bestimmt – schreibt Ludwig Joergens* das geistliche Volkslied, das einst bei Beerdigungen oft und gern angestimmt wurde und in älteren Gesangbüchern noch zu finden ist:

Wo findet die Seele die Heimat, die Ruh?
Wer deckt sie mit schützenden Fittichen zu?
Ach bietet die Welt keine Freistatt uns an,
wo die Sünde nicht herrschen, nicht
anfechten kann?
Nein, nein, hier ist sie nicht;
die Seele der Heimat ist droben im Licht.

Verlasset die Erde, die Heimat zu sehn,
die Heimat der Seele, so herrlich, so schön!
Jerusalem droben, von Golde erbaut,
ist dieses die Heimat der Seele, der Braut?
Ja, ja, dieses allein
kann Ruhplatz und Heimat der Seele nur
sein.

Inzwischen allerdings hat ein geheimer Unglaube, hinter Reinheitsgeboten und stilistischen Argumenten trefflich verborgen, diese Verse getilgt; selbst lutherische Amtsträger und Kommissionen, so scheint es, wollen Heinrich Heine recht geben, der über »das alte Entsagungslied, das Eiapopeia vom Himmel« gespottet und versprochen hatte:

Ein neues, Lied, ein besseres Lied,
O Freunde, will ich euch dichten!
Wir wollen hier auf Erden schon
Das Himmelreich errichten ...*

Wie immer es sein mag: Die Entdeckung der Heimat im Irdischen setzt offenbar Säkularisation, die Verweltlichung der Welt voraus, einen Verlust des Selbstverständlichen auch im Religiösen. Oder zumindest setzt sie voraus, daß der Gefühlshaushalt der Seele nur noch teilweise von dem Kapital gedeckt wird, das die Kirchen verwalten. Keineswegs auszuschließen ist allerdings, daß der Glaube nur einem Gestaltwandel unterliegt, dessen er selbst kaum gewahr wird: Weltfrömmigkeit möchte in der Natur wiederfinden, was als das himmlische Jerusalem verblaßt. Genau dies, eine Art von Auswanderung der Konfession aus den kirchlichen Bindungen und ihr gefühlsbetonter Wandel zur Weltfrömmigkeit kennzeichnet die Romantik.*

Dabei zeigt sich einmal mehr die Paradoxie, daß alle Romantik höchst Unromantisches zur Bedingung hat. Denn die Natur wächst uns keineswegs natürlich, vielmehr erst dann und in dem Maße ans Herz, in dem wir sie zähmen und beherrschen. Das Beispiel des Waldes zeigt das sehr deutlich. In seiner Urnatur bildet er nicht etwa Heimat, sondern einen Inbegriff des Schreckens. Greuliches herrscht darin; Drachengetier und Wolfsrudel, Räuberbanden und Hexen bevölkern ihn, wie die Sagen und Märchen uns wieder und wieder berichten. Wer im Walde sich verirrte oder ausgesetzt wurde, der war verdammt und verloren, wenn nicht das märchenhafte Geschehen, ein Wunder ihn rettete.

Dies ändert sich seit der Erfindung des Schießgewehrs, das mit Bestien und Gesindel aufräumt, noch ehe – dank der Eisenbahnen, Sägewerke und Papierfabriken – die moderne Forstwirtschaft end-gültig Abhilfe schafft. Und so überall: Das Gewitter als übermächtige Naturgewalt war einst ein drohendes Unheil, das man bloß im Gebet abwenden konnte:

> Ein Wetter steiget auf;
> mein Herz, zu Gott hinauf!
> Fall ihm geschwind zu Fuße
> durch wahre Reu und Buße,
> damit gleich deine Sünden
> durch Christi Tod entschwinden.*

Es versteht sich, daß auch dieses Lied aus modernen Gesangbüchern verschwunden ist. Denn wovor noch soll man sich fürchten? Seit Benjamin Franklins Erfindung des Blitzableiters im Jahre 1752 wird für Abhilfe zuverlässig gesorgt. Die ›Frühlingsfeier‹ als große Gewitter-Ode folgt schon 1759:

> Seht ihr den neuen Zeugen des Nahen, den
> fliegenden Strahl?
> Hört ihr hoch in der Wolke den Donner des
> Herrn?
> Er ruft: Jehova! Jehova!
> Und der geschmetterte Wald dampft!

Aufbruch zur Naturbeherrschung und Glaubenswandel zur Weltfrömmigkeit, Blitzableiter und frühe Romantik: Unter solch doppelter Hut können dann die Liebenden in Goethes ›Leiden des jungen Werthers‹ – 1774 – dem Gewittersturm beherzt zuschauen und über ihre Empfindungen sich mit einem einzigen Wort verständigen: Klopstock.

# Zweites Kapitel:
# Die verlorene Heimat

# Geschichten aus der Fremde

In unseren Alltagsgesprächen nimmt das Wetter einen Vorzugsplatz ein. Denn worüber sonst sollte man halbwegs unverfänglich, verbindend-unverbindlich sich unterhalten? Wetter ist Nachricht, allerdings von besonderer Art. Sie berichtet von dem, was einfach über uns kommt. Sei's Hitze, Dürre oder Dauerregen, Nebel oder die Eisglätte – niemand ist schuld. Das Wetter ist nicht machbar, es ändert sich, oder es bleibt wie es ist, ganz nach seinem eigenen Belieben. Keine Regierung, Partei oder Gewerkschaft trägt die Verantwortung; weder Kommunisten noch Konzerne verschieben die Wolken.

Mit anderen Worten: Das Wetter ist unpolitisch. Und genau dies weist ihm seine Ausnahmestellung zu. Überall sonst hat der Triumph der Welteroberung uns Macht verschafft; überall kann man eingreifen, etwas tun und verändern – oder darum kämpfen, daß die Eingriffe unterbleiben und die Veränderungen aufgehalten werden. Die Macht zum Eingreifen und der Kampf ums Verändern oder Bewahren aber führen ins Politische hinein, in die Verantwortung, vor der es ein Ausweichen so wenig mehr gibt wie vor der Zuweisung von Schuld. Wenn darum Schicksal einst das war, was die Gnade oder der Zorn Gottes und die Kräfte der Natur dem Menschen bestimmten, dann ist heute die Politik unser Schicksal geworden.

Sieht man es so, dann muß es fast schon als folgerichtig erscheinen, daß das 20. Jahrhundert sogar dem Verlust von Heimat diese neue, die politische Dimension hinzugefügt hat. Unter den Vorzeichen der Nation und der Rasse panzerten sich die Gewalt und der Wahn mit dem gnadenlos guten Gewissen, kämpften die Kinder des Lichts wider die Kinder der Finsternis, wurden im Entweder-Oder von Freund und Feind, von Über- und Untermenschen Verfemung, Verfolgung und Vernichtung zur finsteren Praxis. Und dann schlug die Rache zurück: Wehe den Besiegten!

»Bittet aber, daß eure Flucht nicht geschehe im Winter«, heißt es im Matthäusevangelium. Doch sie geschah im Winter; im eisigen Ostwind, zu Fuß oder mit Pferd und Wagen in den endlos grauen Kolonnen der Trecks flohen die Menschen vor den Furien der Rache. Viele Kinder erfroren, viele Frauen, Männer und Greise wurden erschlagen, viele starben von eigener Hand. Und wer blieb und wer überlebte, der durfte nicht bleiben. So ist unserer Erfahrung der Tatbestand des Schreckens eingebrannt worden: die Vertreibung; so entstand der bittere Begriff: Heimatvertriebene.*

Inzwischen sind Jahrzehnte vergangen. Einer großen Zahl der Heimatvertriebenen ist es längst zur Gewohnheit geworden, sich jährlich zusammenzufinden. Und gegen manche Mißverständnisse muß betont werden, daß den meisten kaum wichtig ist, was dann die Festredner sagen und was die Kameras und Mikrophone verzeichnen, je nach dem Standpunkt einem falschen oder dem richtigen Zungenschlag auflauernd. Nein, die Verwandten und Bekannten, die alten Freunde und Nachbarn wollen sich wiedersehen, die weit zerstreut wurden. Das ist so konkret wie in den Unterteilungen eng umgrenzt; nicht aufs Weltläufige kommt es an, kaum auf die Provinz, sondern auf die eine Stadt oder die zwei, drei Dörfer. Denn dort war man zu Hause, dort ist die Heimat, und was sie bedeutet, das kann ganz nur ermessen, wer sie wirklich verlor. So sitzt man nun beieinander, Erinnerung weckt das Erinnern, wie die Antwort das Fragen: »Weißt du noch – damals? Da hat der Pastor uns im Kirschbaum erwischt. Emil war dabei – was ist aus ihm nur geworden?«

»Ja, und Karl, ›Düwelskarl‹, wie wir ihn nannten, weil ihn der Hecht biß, den er sich heimlich fing, als der Förster nicht da war. ›De Düwel, de Düwel‹, schrie er da und rannte und rannte, das Vieh am Finger.« – Geschichten aus der Fremde, von der verlorenen Heimat . . .

Oftmals, in bedrückender Wiederholung, taucht auch die Frage auf, warum es gerade sie getroffen hat, die Ostpreußen, Danziger, Pommern, die Schlesier oder die Egerländer. Waren sie denn anders und schuldiger als die Bayern und Württemberger, als Hessen und Holsteiner oder die Westfalen? Ach, gewiß nicht. Aber zur bitteren Wahrheit gehört, daß es eine vernünftig oder menschlich zu nennende Antwort nirgendwo gibt. Man wurde nur an dem Ort geboren, der dann sich als der verlorene und darum als die Heimat erwies.

Daß also die Heimatvertriebenen sich zusammenfinden und miteinander ins »Damals« zurückkehren: Wer verstünde das nicht? Das Fragen freilich, das keine vernünftig oder menschlich zu nennende Antwort kennt, dürfte nicht erst 1945 ansetzen, und noch ganz andere Geschichten müßten erzählt werden als die aus Ostpreußen, Pommern und Schlesien. Denn Flucht und Vertreibung begannen ja nicht mit dem Einmarsch der Roten Armee; das Unheil einer Geburt am verlorenen Ort oder in einer Kategorie der Verdammten war auf dem Wege, längst bevor man es wahrnahm.

Darum die Geschichten zum Erinnern, die vom Üblichen abweichen, wenigstens zwei. Die erste habe ich selbst erlebt. Sie spielt in Misdroy, dem idyllischen Badeort an der Ostsee, der heute – schwer auszusprechen – Międzyzdroje heißt, ein paar Kilometer östlich von Swinemünde. Im Oktober 1939 erwartete mich dort meine erste öffentliche Schulstunde, nachdem ich bis dahin Privatunterricht erhalten hatte. Die Schule war nach dem Ersten Weltkrieg von Flüchtlingen aus Estland und Lettland gegründet worden, darum hieß sie die »Baltenschule«.

Angespannte Erwartung im Neuartigen und Fremden: Wie wird es sein? Ein ältliches Fräulein tritt herein, etwas verwachsen und seltsam gewandet, sackartig, mit einer Halskette dreifach hinunter fast bis ans Knie. Die Lehrerin also; und nun tritt sie ans Katheder, möchte reden und kann nicht. Die Tränen steigen ihr auf, sie beginnt zu schluchzen, sie weint, minutenlang, bis sie unterm immer neuen Schluchzen endlich herausbringt, was sie sagen will:

»Siebenhundert Jahre haben wir in Riga, in Mitau, in Reval gelebt. Und nun müssen alle fort. Die Heimat – die Heimat ist verloren.«

Es handelte sich um eine Folge des deutsch-sowjetischen Diktatorenpakts, der die baltischen Länder an die Sowjetunion preisgab. Bald kamen in Swinemünde die Schiffe mit der Menschenfracht an, für die in Misdroy Hotels beschlagnahmt wurden, bis zum Weiterversand in das Gebiet, das jetzt der »Warthegau« hieß. Dort mußten dann andere den Platz für sie räumen, die Unerwünschten, die »Untermenschen«.

Diese erste Lektion bei dem wunderlich imponierenden Fräulein Grambkau – und diese Schiffe, randvoll mit Flüchtenden, ihr Leben zu retten: Hätte man das Menetekel, die Flammenschrift an der Wand nicht erkennen sollen, nicht lesen müssen, so alt oder so jung man damals auch war? Natürlich, inzwischen hat jeder von der »Nacht über Gotenhafen« und vom Untergang der »Wilhelm Gustloff« in der eisigen Ostsee gehört. Doch wer weiß etwas von der »St. Louis«? Darum die zweite Geschichte:

Im Frühsommer 1939, nur wenige Monate vor dem Kriegsbeginn, lief das Passagierschiff »St. Louis« von Hamburg aus, vollbesetzt mit jüdischen Männern, Frauen und Kindern. Viele hatten ihr letztes Geld für eine Einreiseerlaubnis nach Kuba hingegeben. Doch als das Schiff vor Havanna ankam, erklärte die Regierung diese Erlaubnis für ungültig – man hoffte wohl, noch einmal kassieren zu können. Niemand sonst wollte die Menschen von der »St. Louis« haben; das Einlaufen in amerikanische Hoheitsgewässer verhinderten Küstenwachtboote. Durch Tage, Wochen irrte das Schiff umher. In der Zeitschrift ›Aufbau‹, die in New York in deutscher Sprache erschien, schrieb Berthold Viertel, früher Schriftsteller und Kritiker in Berlin:

> Schiff mit der Menschenfracht, die es den
>   Küsten
> Wie ein Hausierer seine Ware anbietet.
> Wo ist das Land, das Menschen tauscht,
>   kauft, mietet?
> Wo öffnet sich ein Hafen, zu empfangen
> Die ausgestoßenen Tausend?

Wo wird der neue Bürger eingetragen,
Wer wagt es, seine Ankunft zu verkünden?
Wir aber leben auch in diesen Tagen
Das Dasein unsrer Unterlassungssünden.

Schließlich schien die Rückkehr nach Hamburg unabwendbar. Verzweiflung breitete sich unter den Passagieren der »St. Louis« aus, viele planten den Selbstmord. Immerhin zeigte einer sich der Situation gewachsen, ein Mann von Mut und von Ehre: der Kapitän des Schiffes. Er war entschlossen, die »St. Louis« eher an der englischen Küste auf den Strand zu setzen, als es zur Rückkehr nach Hamburg, das heißt zur Katastrophe für die ihm Anvertrauten kommen zu lassen. Im letzten Moment fanden sich dann doch noch die Niederlande, Belgien, Frankreich und Großbritannien bereit, den Ausgestoßenen Asyl zu bieten. Die Passagiere aber schrieben ihrem Kapitän einen Brief, in dem es hieß:

»Nach den ungeheuren Sorgen in der Heimat, nach den aufreibenden Vorbereitungen der Ausreisearbeiten war Ihr wunderbares Schiff, Herr Kapitän, Ihre sichtbar waltende Fürsorge für die Passagiere, die fabelhafte Verpflegung, die Aufmerksamkeit Ihres gesamten Personals und insbesondere aller Ihrer leitenden Herren so eindringlich, daß wir fast vergessen konnten, was zu verlassen und zu verlieren wir im Begriff waren ... Ihnen selbst aber, Herr Kapitän, möchten wir sagen: In unseren Herzen und in den Herzen unserer Kinder wird eingegraben sein – dauerhafter als in Erz und Marmorstein – unvergeßlich und unauslöschlich das schöne Schiff ›St. Louis‹ und sein wunderbarer Kapitän Schröder.«

Ein halbwegs glimpflicher, versöhnender Ausgang, wenigstens in diesem Falle? Leider nein. Denn in den Niederlanden, in Belgien und Frankreich, wo die Mehrzahl der Passagiere an Land gegangen war, marschierten kaum ein Jahr später, im Mai 1940, Hitlers Heere ein. Die meisten der zunächst Geretteten sind darum doch noch Opfer der Verfolgung geworden; ihre Irrfahrt, ihre Flucht aus der angestammten Heimat endete in Auschwitz.

Wahrlich: Der Begriff der Heimatvertriebenen dürfte nicht erst seit 1945 gelten, auch nicht seit 1939. Was er meint, begann schon 1933. Und viele der zuerst Betroffenen, für die das Exil die Rettung brachte, hatten eine zusätzliche Last zu tragen, weil sie Gelehrte oder Schriftsteller, Kritiker oder Publizisten, kurz Männer und Frauen des Wortes und der Schrift waren. Für sie bedeutete die Vertreibung nicht nur einen Verlust von Besitz, Büchern, Beziehungen, eine Trennung von der gewohnten Umgebung, vom Ort der Geburt und von den Freunden. Sondern es wurde ihnen noch dazu das Haus in der Sprache geraubt, die Grundlage des Berufs, ja der ganzen Existenz – eben: die Heimat in einem ganz besonderen Sinne. Auch die Vertriebenen von 1945 verloren allen Besitz, mußten – oft vergeblich – in der Fremde anklopfen, um Brot betteln und ums Überleben kämpfen. Auch sie waren den Einheimischen kaum willkommen, die mit ihnen den knappen Wohnraum und die noch knapperen Rationen teilen sollten. Aber dies, der Heimatverlust der Sprache, bleibt unvergleichbar.

Was aus der Vertreibung des Geistes folgte oder jedenfalls sehr leicht folgen konnte, hat René Schickele in seinem Tagebuch notiert. Ahnungsvoll schrieb er schon im Dezember 1933: »Wenn es Goebbels gelingt, unsere Namen von den deutschen Tafeln zu löschen, dann sind wir tot. Gespenster in der Diaspora, in der wasserarmen Provinz. Schon die nächste Generation wird nichts mehr von uns wissen.«*

Gewiß, der Strom der Zeit fließt zwischen Nebelklüften unaufhaltsam dahin, dem Meer des Vergessens entgegen. Was über den Tag hinaus bleibt oder sogar gegen die Jahre sich behauptet, ist stets, noch unter den freundlichsten Umständen, eine sehr kleine, oft wenig gerechte Auswahl. Immer gilt, für jede Generation wieder, was Rilke gesagt hat: »Die belebten, die erlebten, die uns mitwissenden Dinge gehen zur Neige und können nicht mehr ersetzt werden. Wir sind vielleicht die Letzten, die noch solche Dinge gekannt haben.«

Eben darum fährt Rilke allerdings fort: »Auf

uns ruht die Verantwortung, nicht allein ihr Andenken zu bewahren – das wäre wenig und unzuverlässig –, sondern ihren humanen und larischen Wert.«* Aber diese Verantwortung ist schlecht genug wahrgenommen worden.*

Zum Verlust der Heimat im Haus der Sprache kam nach 1933 handfest Erschwerendes hinzu. Zwar mochten die ersten Stationen der Flucht Wien, Prag oder Zürich sein. Da trug das Deutsche noch. Aber das dauerte nicht. Man muß bedenken, daß das Englische seinerzeit weit weniger geläufig war als heute. Den deutschen Gebildeten traditionellen Zuschnitts hatte man vor allem mit dem Lateinischen und Altgriechischen vertraut gemacht – und wenn mit einer modernen Fremdsprache, dann mit dem Französischen. Nicht nur, doch auch aus diesem Grunde erschien Frankreich für mehr als die Hälfte der Vertriebenen nicht bloß als Durchgangsstation, sondern als das Ziel ihrer Zuflucht. Aber Frankreich fiel 1940. Spätestens von diesem Augenblick an waren die Emigranten endgültig heimatlos geworden – und dem Wuchern ihres Heimwehs preisgegeben. Mit Adorno zu reden, vor dem Hintergrund des amerikanischen Exils: »In der Erinnerung der Emigranten schmeckt jeder deutsche Rehbraten, als sei er vom Freischütz erlegt worden.«*

Selbst die Rückkehr, falls sie irgendwann nach 1945 versucht wurde und im materiellen Sinne gelang, konnte das Verlorene oft nicht mehr zurückbringen. Die Verhältnisse waren andere geworden, die Menschen mit ihren Erfahrungen, ihren Interessen und Anschauungen nicht mehr die gleichen; sogar die Sprache bleibt ja nicht stehen. Der Sozialwissenschaftler Hans Gerth, erst 1971 aus den Vereinigten Staaten auf einen Lehrstuhl in Frankfurt am Main zurückberufen, sagte einmal auf die Frage, ob es ihm schon leid getan habe, daß er zurückgekehrt sei:

»Ja, es ist traurig. Ich habe keine Freunde hier... Einer hat mir mal gesprächsweise mitgeteilt, eigentlich finde er doch, der Spengler habe recht gehabt, sei ein großartiger Kerl und so weiter. Da kann ich doch nichts sagen, da bleibt einem doch die Spucke weg. Verzeihen Sie. – Ja, wenn ich so was sehe, dann tut es mir leid. Dann sind mir die amerikanischen Freunde lieber. Sogar im Sinne des deutschen Gemüts, wirklich! Es sind aber immer Juden, die sich erinnern, die mal schreiben. Aber es ist schrecklich. Der Adorno nannte das ›beschädigtes Leben‹. Mein Gott, der hat doch gar keine Ahnung gehabt, wie beschädigt das sein kann.«*

Abgründige und bewegende Geschichten von der verlorenen Heimat, deutsche, jüdische Geschichten, noch einmal zwei:

Einen berühmten und nun alten Mann führte das Schicksal unter die Sonne Kaliforniens, an die pazifische Küste. Dort ging er täglich hinunter zum Strand, starrte hinaus aufs Meer, oft für Stunden. Wenn man ihn fragte, warum, dann war seine Antwort, wie im Traum: »Da drüben, auf der anderen Seite, liegt Europa. Da ist Deutschland.« Niemand wagte dem alten Mann zu sagen, daß an der Gegenküste gar nicht Europa lag und nicht Deutschland, sondern China.

In New York, so wird erzählt, erreicht jemand gerade noch mit dem letzten Schiff das rettende Ufer. Er besucht einen Freund, der schon einige Jahre früher angekommen ist – und prallt zurück. Denn im Eingang zur Wohnung hängt ein Hitlerbild, lebensgroß und so, wie die Propaganda des Dritten Reiches es immerfort malte.

»Bist du verrückt?« fragt der Gast. »Was soll denn das?«

»Ach, weißt du . . ., es ist gegen das Heimweh.«

## Der Preis unseres Fortschritts

Die Umstände des »Dritten Reiches«, des Zweiten Weltkriegs und der ersten Nachkriegszeit sind Geschichte. Sie liegen, so scheint es, sehr weit zurück; wer sie den Nachgeborenen verstehbar und anschaulich machen will, wer dabei nicht bloß Kopfschütteln ernten oder den Verdacht wecken möchte, daß er beschwichtigt, der braucht neben der Genauigkeit des eigenen Erinnerns längst schon die Quellen der Forschung – und sehr viel Kraft zum Erzählen. Wir bemerken das kaum mehr, weil es nun einmal so ist, oder wir reden uns auf Generationenkonflikte hinaus, als erklärten sie, was der Erklärung bedarf. Denn eigentlich ist es sehr seltsam: Unser Abstand mißt wenige Jahrzehnte und noch längst keine Lebensspanne. Ohne Zweifel jedoch hat ein Abgrund von Fremdheit sich aufgetan, der nur schwer überbrückt werden kann.

Fragt man nach den Ursachen, so ist wohl nicht bloß auf den Wandel der politischen Verhältnisse und ein verstocktes Schweigen hinzuweisen, sondern auch – oder vor allem – auf den Umsturz im Alltag, der keinen Lebensbereich ausnimmt. Wer die Welt von gestern erkundet, muß Detektivarbeit leisten. Um das am Beispiel aus der eigenen Erfahrung sichtbar zu machen:

In Pommern erhielten Gutsarbeiter bis 1945 ein Deputat, das heißt sehr wenig Bargeld als Lohn; dafür wurden ihnen die Wohnung, Gartenland und ein Stück Acker, die Weide für Kuh und Gänse, Brennholz und Torf zum Heizen, Roggen, Weizen und Schrot gestellt. Das ist leicht gesagt, aber wie sah es im einzelnen aus, präzise Posten um Posten? Darauf ließ sich nur mit der Hilfe eines Versicherungsfachmannes antworten, der in den sechziger Jahren die Rentenanträge ehemaliger Gutsleute bearbeitet hatte und sich auskannte. Denn eine weise Gesetzgebung hatte die Umrechnung des Deputats in Geldwerte verfügt, weil man sonst über minimale Beträge nicht hinausgelangt wäre.

Natürlich liegt der Einwand nahe, daß das Deputat schon vor 1945 kaum mehr typisch war, ein Restbestand aus älterer Zeit, so daß man darüber wenig wissen muß und das jüngst Vergangene dennoch verstehen kann. Aber hinter dem Besonderen verbirgt sich das Allgemeine. Durchweg haben in Deutschland bis 1945 und noch darüber hinaus die Bauern in erster Linie mit Ochsen oder Pferden gepflügt und die Ernte eingebracht, wie sie es immer schon taten. Sieht man heute moderne Agrarbetriebe an, so stellt man fest, daß vier Jahrzehnte mehr veränderten als Jahrhunderte, um nicht zu sagen Jahrtausende zuvor.

So überall. Wenn man vom Waschtag der Großmütter erzählt, dann sind Umschweife nötig, und was man erzählt, kommt einer jungen Hausfrau märchenhaft gruselig vor. Denn wie kurz zwar in der Zeit, aber wie weit in der Sache ist der Sprung von der uralten Mühsal am wallenden Kessel und am Rubbelbrett zum Knopfdruck am Waschautomaten samt Trockenschleuder! Den Großmüttern dagegen hätte man sagen können, daß es vor zehn oder vor hundert Generationen nicht wesentlich anders aussah als bei ihnen.

In den Dörfern sind die Landwirte neben Pendlern, Pensionären und Feriengästen längst in die Minderheit geraten; der Kolonialwarenladen hat sich zum Supermarkt verwandelt oder ist verschwunden, wie die Kinder im Schulbus. In den Städten hat der Drang zum Wiederaufbau oder zum Um- und Neubau mehr an alter Bausubstanz gekostet als alle Bombennächte des Krieges. Ebenso oder vielleicht noch mehr ist die Landschaft unserem Aufstieg zum Wohlstand tributpflichtig geworden; man hat sie bereinigt, begradigt, trockengelegt, betoniert. Wenn inzwischen mit Eifer Schutzzonen, Parks, Reservate angelegt werden, dann bilden sie nur das konsequente Gegenstück zum Triumph der Ökonomie, wie man ihn etwa am Kaiserstuhl, nahe bei Freiburg im Breisgau, exemplarisch besichtigen kann. Aber auch die Konjunktur der Tiergehege und Volieren erinnert daran, daß Fischotter und Storch sich verabschieden.

Und dann erst unsere Mobilmachung mitten im Frieden! Ich habe noch alte Frauen gekannt, für die es einen Ausflug ins Weite, fast ein Abenteuer bedeutete, die Kreisstadt zu besuchen, über die sie ohnehin niemals hinausgelangt waren. Inzwischen bildet Beweglichkeit die Norm, wenn nicht eine Bedingung unseres Daseins. Auf jeden Haushalt der Bundesrepublik entfällt, statistisch gesehen, ein Auto; wir sehen fern und reisen in die Ferne. Als gelte es das Leben, setzt alljährlich bei Ferienbeginn eine Massenflucht ein, all den

Staus auf Autobahnen und den Warteschleifen in der Luft zum Trotz.

Man könnte noch lange so fortfahren. Die Macht des Wandels reicht bis ins Intimste, in das Verhältnis von Jugend und Alter, von Mann und Frau, bis in die Familien und ihr Verhältnis oder Mißverhältnis zu Kindern, bis zur Geburtenrate.* Mit einem Wort: Kaum etwas ist geblieben, wie es einmal war, alles verändert sich im reißenden Tempo. Darum ist es ein Zeichen der Umstände, daß inzwischen die Milieu- und Alltagsgeschichte ein starkes, immer wachsendes Interesse findet; die »große« Geschichte der Haupt- und Staatsaktionen oder der Nationen und Klassen wird damit nicht abgelöst, aber deutlich zum »Kleinen« hin ausgeweitet.

Manchmal feiert man dies als eine Art von verspäteter Demokratisierung: Die Durchschnittsbürger, die kleinen Leute kommen endlich ins Blickfeld, wenn man will gemäß der Brechtschen Frage, ob Cäsar, als er Gallien eroberte, nicht wenigstens einen Koch bei sich hatte. Wie überall sonst aber wird die eigens gestiftete Erinnerung, das künstliche Bewahren erst in dem Maße wichtig, in dem die Wucht des Wandels sich durchsetzt; seitdem erst gilt, was Tocqueville meinte, als er von den Trümmerresten sprach, »die man noch am Ufer wahrnimmt, während die Strömung uns mit sich trägt und rücklings dem Abgrund zutreibt«.

Es heißt den Sachverhalt nur mit anderen Worten beschreiben, wenn man sagt, daß die Zerstörung von Heimat allgemein geworden ist. Wer zurückkehrt an den Ort seines Ursprungs, findet nirgends das Vertraute mehr vor, weder die Lebensverhältnisse der Menschen noch die Bäume und Bäche – und die Gerüche schon gar nicht; zu den Merkmalen des Modernseins gehört offenbar, daß man Gerüche nicht mag, es sei denn die modisch rasch produzierten und rasch wieder verwehten. Man versiegelt und desodoriert, entkeimt und entduftet, wo man nur kann.

Und an jedem Ort und unerbittlich gilt: Heimatvertriebene zu sein, das ist unser Schicksal, die Kehrseite des Fortschritts, der Preis unseres Aufstiegs zum Wohlstand. Daher kann man heute von der verlorenen Heimat am Beispiel des Hunsrück ebenso erzählen wie am Beispiel Pommerns oder Ostpreußens, daher gehören das Abschiednehmen und das Fortgehen zu den Grundzügen unseres Lebensgefühls. Wie Rainer Maria Rilke einst in seinen ›Duineser Elegien‹ geschrieben hat, als Dichter unserer stumpferen Einsicht vorweg:

> Wer hat uns also umgedreht, daß wir,
> was wir auch tun, in jener Haltung sind
> von einem, welcher fortgeht? Wie er auf
> dem letzten Hügel, der ihm ganz sein Tal
> noch einmal zeigt, sich wendet, anhält, weilt –,
> so leben wir und nehmen immer Abschied.

Den Preis oder die Bedingung des Fortschritts und Aufstiegs kann man sehr nüchtern feststellen, und einmal mehr erweist sich dabei das Los der Heimatvertriebenen – der Begriff hier im engeren Sinne gefaßt – als exemplarisch. An dem Stichtag, der die wirtschaftliche Wende der Nachkriegszeit symbolisiert – der Währungsreform vom 20. Juni 1948 – waren sie die eigentlichen Verlierer, die Kopfgeld-Habenichtse, weil sie über keinerlei Sachwerte verfügten. Unter oft unwürdigen Bedingungen in den ländlichen Auffangräumen Schleswig-Holsteins, Niedersachsens oder Bayerns zusammengepfercht, in denen es Arbeit kaum gab, befanden sie sich in einer verzweifelten Situation.

Besonders schlimm war es für die Älteren, denen sich eine Chance zum Neuanfang nicht mehr bot. Rentenzahlungen setzten nur zögernd und mit minimalen Beträgen ein, der Lastenausgleich war auf Weisung der Alliierten von der Währungsreform getrennt worden und ließ lange auf sich warten. Darum galt 1948 noch immer oder erst recht, was Ursula Herking im ›Marschlied 1945‹ von Erich Kästner gesungen hatte:

Ich trag Schuhe ohne Sohlen,
und der Rucksack ist mein Schrank.
Meine Möbel hab'n die Polen
und mein Geld die Dresdner Bank...

Eine Zwei-Klassen-Gesellschaft von Einheimischen und Vertriebenen zeichnete sich ab; die Bitterkeit der Habenichtse entlud sich in bitteren Sprüchen, etwa diesem:

Der Kopf aus Holz, das Herz aus Stein,
daher der Name Holstein.

Und doch und zugleich datiert vom Stichtag der Währungsreform der Anfang eines einzigartigen Aufstiegs. Arbeit lohnte sich wieder: Dies war das Herzstück des sozialen Tatbestandes. Die Heimatvertriebenen aber erwiesen sich wie keine andere Bevölkerungsgruppe als anpassungsfähig und leistungsbereit – und als mobil; es gab ja nichts mehr, was sie beim Altvertrauten festhielt, und um jeden Preis wollten sie ihrer Deklassierung entkommen. Erst als kaum bemerkbares Rinnsal, dann als ein ständig schwellender Strom, begann daher ihre zweite Wanderung: sei es ins Ruhr- oder ins Rhein-Main-Gebiet, sei es nach Württemberg, überall dorthin, wo sich in Städten und industriellen Ballungsräumen Chancen boten. Das westdeutsche »Wirtschaftswunder«, das in historisch sehr kurzer Zeit aus einem besiegten, besetzten und weithin zerstörten Land die ökonomische Großmacht Bundesrepublik gemacht hat, wäre ohne diesen Zustrom einmalig leistungsbereiter Menschen gar nicht denkbar gewesen.

Im Rückblick zeichnet sich ein höchst paradoxes Ergebnis ab. Einerseits sind die Heimatvertriebenen nicht bloß Lastenträger des »Wirtschaftswunders« geblieben. Tatsächlich sind sie weiter eher auf- als abgestiegen. Denn in ihrer Mehrheit waren sie ja keine Rittergutsbesitzer oder Fabrikanten und noch nicht einmal Großbauern oder Handwerksmeister gewesen, sondern sie entstammten meist kargen und wenig aussichtsreichen Verhältnissen. Der Schock der Vertreibung aber setzte die ungeahnten Energien frei, die dann – in der Generationenfolge zumindest – den Aufstieg bewirkten.

Betrachtet man andererseits typische Problembereiche der Gegenwart, die im Schatten des Fortschritts geblieben oder in Krisen geraten sind – zum Beispiel die Zonenrandgebiete, die Küstenregionen, die Landwirtschaft in Mittelgebirgslagen –, so konzentrieren sich dort typischerweise die Alteingesessenen und eben nicht die Vertriebenen und Flüchtlinge, die diese Gebiete längst verlassen haben. Ähnliches gilt für die Verteilung auf veraltende und zukunftsbezogene Berufe.

Sieht man hiervon einmal ab, dann erweisen

sich die Heimatvertriebenen wirklich als exemplarisch, gewissermaßen als eine Vorhut für die Gesamtbevölkerung. In einem weiteren und tieferen Sinne waren alle Deutschen Entwurzelte, auf der Flucht vor dem, was gestern noch galt und was sie begeistert hatte. Und sie waren die Deklassierten, die moralisch Geächteten der Siegermächte und der Völker ringsum. Die Konzentration auf Arbeit und Leistung, die Umwendung vom Vergangenen zur Zukunft brachte darum nicht nur den Aufstieg zum Wohlstand, sondern auch – und vielleicht wichtiger noch – die Entlastung von drängenden Fragen und die Möglichkeit, sich ein neues Selbstwertgefühl zu schaffen. Wenn man sarkastisch gesagt hat, daß »D-Mark und Goldmedaillen den Kern des deutschen Nationalbewußtseins bilden«*, dann steckt darin bei aller Übertreibung ein wahrer Kern.

Denn es nehme nur keiner als Pharisäer sich aus: Die Entlastung vom Vergangenen, der Abbruch des Angestammten, das »Fort und hinweg!« fast schon in Panik, die Flucht in die Zukunft hinaus, die Rettung durch Reichtum, wie neu er auch sei – dies haben wir alle gewollt oder, zumindest, als Mitläufer befördert; dies kennzeichnet die Geschichte der Bundesrepublik Deutschland und, in ihrer Spielart, der Deutschen Demokratischen Republik. Wir haben, mit anderen Worten, eine ausschweifende Zerstörung des einstmals Vertrauten nicht bloß in Kauf genommen; wir haben eine gnadenlose Selbstvertreibung aus den Häusern der Kindheit, aus der Natur und den Nachbarschaften, die Heimat bedeuteten, in Szene gesetzt und gefeiert, so als bringe das Glück.*

Die Gegenrechnung ist zwanzig Jahre nach der Währungsreform von einer neuen Generation präsentiert worden, nicht etwa von armen Randsiedlern der Gesellschaft, sondern ausgerechnet und folgerichtig von den Kindern des Erfolges und Aufstiegs, für die man so hart gearbeitet hatte, damit es ihnen einmal besser gehen sollte. Denn jede neue Generation braucht etwas Eigenes, um ihr Selbstbewußtsein zu begründen; die Leistung der Väter taugt dafür um so weniger, je hartleibiger sie den Kindern im stets wiederholten »Seid dankbar!« vorgehalten wird.

Spürt man den Veränderungen des Bewußtseins und der Gefühle, der Hoffnungen und Ängste nach, die sich in der Bundesrepublik Deutschland seit 1968 angebahnt oder durchgesetzt haben, so handelt es sich im Kern um ein Innewerden des Preises, das der Fortschritt zum Wohlstand gekostet hat. Das gilt im Sinne einer Rückwendung zu den verdrängten politischen-moralischen Fragen ebenso wie im Blick auf die Zerstörung alter Lebensverhältnisse in Dörfern und Städten, von Landschaft und Natur.

Wer allerdings den Preis der Zerstörung erkennt und beim Namen nennt, für den stellt sich unabwendbar die Frage, wie es früher einmal war und ob es eine Möglichkeit zum Umkehren gibt. Dieses Fragen nach rückwärts ist oft als »Nostalgie« abgetan worden, als handle es sich um eines der rasch wechselnden Gewänder, die die Moden des Zeitgeistes kleiden. Doch es geht um mehr, um die sehr menschliche Sehnsucht nach Ordnungen unseres Daseins, die Vertrauen schenken, weil sie die Vertrautheit des Kindes noch dem Erwachsenen bewahren und Heimkehr erlauben.

Ein Zeichen der Zeit sind darum die Reisen in die Erinnerung – und im Raum dorthin, wo man wiederzufinden hofft, was einmal war: Reisen nach Osten, vielleicht in Bezirke der DDR abseits der qualmenden Schlote sozialistischen Fortschritts oder besser noch in Gebiete jenseits der Oder, nach Pommern und Ostpreußen.

Denn dort gibt es das noch, einen Rhythmus des Lebens, über den das Hasten nach vorwärts wenig Gewalt hat, die Weite der Wälder und die Stille der Seen, Chausseen der alten Art, von Jahrhundertbäumen wie zu Torbogen überwölbt, im nie ermüdenden Widerspiel von Schatten und Licht, mit nur geringem Verkehr. Und dort sind sogar die Störche noch immer zu Hause.

Könnten also auch wir dort finden oder, bescheidener, wiedererkennen, was wir verloren: Heimat?

# Drittes Kapitel:
# Reiseerfahrungen auf dem Weg ins Erinnern, erster Teil

## Vom Trug des Erinnerns

Zur Reise in die verlorene Heimat taugt ein einziger Zug. Er wartet an einem ganz besonderen Bahnsteig, und sein Schild sagt: Erinnerung. Indem wir den Zug besteigen, erfüllen wir uns einen fast vergessenen Traum aus der Kindheit: Lokomotivführer zu sein. Und der Schaffner, der die Fahrscheine prüft und Stationen ausruft, der Mann mit der roten Mütze, der zum Abfahren winkt, alles zugleich.

Wohin die Reise uns führt und was am Ziel uns erwartet, das meinen wir längst zu wissen. Doch darin irren wir sehr – gottlob, muß man sagen, denn sonst wurde bald die Langeweile uns lähmen. In der Wirklichkeit unseres Traums wird es zunächst einmal darauf ankommen, Selbsttäuschungen abzuweisen und den Trug zu durchdringen, der uns auflauert. Aber wir werden auch Schätze entdecken, Erfahrungen sammeln und reicher zurückkehren. Kurz, die Reise kann ins Abenteuer geraten, das ihre Mühe vielfach belohnt.

Selbsttäuschung und Trug: Man kann sie an einem einfachen Beispiel deutlich machen. Immer wieder und gern erinnern wir uns und andere an die Kinderfreuden im Rundgang der Jahreszeiten, etwa ans Schlittschuhlaufen, ans Rodeln, an Fahrten im Pferdeschlitten im Winter – und an herrliche Sommerwochen an der Ostsee, am Strand von Stolpmünde.

Verzeihung, gab es denn keinen verregneten Sommer, keine Winterzeiten voll Schlamm statt mit Eis und mit Schnee? War das Wetter tatsächlich so viel anders und besser als heutzutage? Die Klimastatistik jedenfalls sagt: nein, keineswegs. Doch offenbar prägt sich das Besondere, die Ausnahme, dem Gedächtnis weit tiefer ein als das Gewöhnliche.*

Noch viel weiter, fast schon vor Abgründe, würde uns die Frage führen, ob die Kindheit nur von Freuden geprägt war. Haben wir uns nicht manchmal auch erbärmlich verloren und einsam gefühlt, gab es keine Schatten der Schuld und der Scham, weder Ängste noch Schrecken? Um sie an zwei Geschichten aus dem eigenen Erinnern anschaulich zu machen:

In der Vorweihnachtszeit reden die Erwachsenen geheimnisvoll vom Knecht Ruprecht oder vom Weihnachtsmann, der wohl bald kommen wird, mit Sack und mit Rute. »Aha, das ist er«, heißt es dann, als eines Abends das Pochen an der Tür zu hören ist. Aber während die Eltern und die großen Geschwister sich aufmachen, den Ankömmling »draußen vom Walde« zu begrüßen, ist der kleine Junge auf einmal verschwunden. Die ganze Familie, die Hausmädchen, zwei Gäste und der längst wieder zivile Weihnachtsmann, ein reichliches Dutzend Leute alles in allem, brauchen beinahe zwei Stunden, bis sie in dem weitläufigen Haus den Jungen aus einem abgelegenen Schrank zurück ans Licht bringen.

Nachher finden die Großen das sehr komisch. Aber wie eigentlich sah es während der zwei Stunden im dunklen Verlies, wie in der Kinderseele aus?

Tiefer in die Ängste hinein führt die zweite Geschichte. In einer Dezembernacht brannte das Haus, zuerst im Dachstuhl. Zum Glück erwachte die Mutter vom Gepolter stürzender Balken, sie weckte den Vater, und das Feuer wurde gerade noch rechtzeitig entdeckt, bevor auch das Treppenhaus in Flammen stand. Das Kind hatte kaum etwas bemerkt; schlaftrunken in eine Decke gewickelt, wurde es ins Dorf gebracht. Doch es hört sehr genau, was später die Erwachsenen sagen und fragen: Was hätte geschehen können, wenn die Mutter verreist gewesen wäre oder nicht einen so leichten Schlaf gehabt hätte?

Ach, wie tief kann dergleichen sich einprägen! Und manchmal geschieht es, daß der Junge in seinem Schlafzimmer sehr allein ist. Die Mamsell und die anderen Mädchen arbeiten und schlafen zwei Stockwerke tiefer, die Gäste sind fort, die Geschwister fernab im Internat – und, vor allem: die Eltern verreist; erst übermorgen kommt die Mutter zurück.

Verlassenheit und Angst: Nur ja nicht einschlafen! Hinhorchen. Der Fahrstuhl rumpelt zur Küche hinunter. Aber da, war da nicht ein Knistern, ein Poltern, das nirgendwohin gehört? Aufstehen, ans Fenster tappen, hinaufstarren ins Laub der Blutbuche, ob sich in ihm womöglich ein Feuerschein spiegelt. An die Tür zur Bodentreppe schleichen und schnuppern, ob es schon brenzlig riecht. Nur natürlich um keinen Schritt weiter, um keinen Preis. Es dauert Jahre, bis dieser Schraubstock des Schreckens sich löst. Und jetzt erst, befreit und im Rückblick, kann man davon berichten.

»Kind, warum hast du bloß nichts gesagt?« fragt die Mutter. »Du hättest in solchen Nächten unten bei den Mädchen schlafen können. Oder eines wäre oben bei dir geblieben.«

Ja, gewiß. Doch wie denn soll man von einer Angst etwas sagen, für die man sich zugleich so schämt?

Gleich am Beginn unserer Reise stoßen wir also auf Hindernisse, auf einen elementaren Sachverhalt, gegen den wir uns unbedingt wappnen müssen: Erinnerungen vergolden und glätten. Womöglich gehört das zum Menschen als Menschen, und vielleicht ist es gut so: Wie sonst könnten wir unser Leben bestehen? Darum mag es nicht gerade als höflich erscheinen und manchmal bis ins Ärgernis geraten, wenn man dem Erinnern immerfort dreinredet und abwinkt, als sei es der Prahlhans und Einschmeichler, der unser Vertrauen mißbraucht. Aber jedes Vergolden mündet ins Unwirkliche, es verleitet zur Fälschung, zum Unechten, das dann sich als wertlos erweist.

Wie wichtig es ist, genau zu bleiben und keine Schatten zu scheuen, läßt sich unschwer feststellen. Wenn man die Älteren belauscht, wie sie einander vom »Damals« erzählen, dann hört man sehr viel von den alten, herkunftsdunklen Bräuchen, die die Festtage rahmten, vom Weihnachtsschimmel, von Osterwasser und pfingstlichem Birkengrün, überhaupt von der Fähigkeit, ausladend zu feiern, sei es mit dem Kriegerverein und beim Erntefest oder bei der Hochzeit, der Kindstaufe, dem Leichenschmaus.

Im Rückblick spielt das üppige Essen eine ganz besondere Rolle und liefert willkommenen Anlaß, sich in Details zu vertiefen: Wie lange mußte eine Spickgans in der Räucherkammer hängen, um die bekömmliche Würze zu erlangen, und gehörte zum Räuchern nicht Strauch vom Wacholder? Wie spickt man einen Rehrücken? Ja, und dann diese herrlichen Fische, besonders der Zander, den die Leute aus Klucken, dem weltverlorenen Dorf am Leba-See, in ihren Kiepen durchs Moor trugen, dazu die Maräne aus dem Madü-See! Und so fort und fort. Warum denn nicht? Liebe, auch die Heimatliebe, geht nun einmal durch den Magen, und was bleibt, stiften nicht bloß die Dichter, sondern ebenso oder erst recht Großmutters Rezepte.

Vergessen wird freilich, daß die Stunden beim

Festschmaus gerade darum so stark das Erinnern vergolden, weil sie die Ausnahme blieben wie das Fleisch und der Fisch. Denn Alltag des Essens bestimmten schlicht die Kartoffeln,in jeder Form: Kartoffeln »mit Stippe« – einer Quarksoße –, Stampfkartoffeln mit Buttermilch, Bratkartoffeln, allenfalls Pellkartoffeln mit dem einst pfennigbilligen Hering. Bereits die Tasse Bohnenkaffee war ein Luxus; die Woche hindurch trank man »Kathreiner« – oder wenn es selbst dazu nicht reichte, einen Sud, der aus der Gerste stammte, in der Pfanne geröstet und mit Zichorie versetzt.

Ein karges Leben durchweg, von der Härte der Arbeit geprägt, lebenslang: Bereits die Kinder, sobald sie nur konnten, hatten sich nützlich zu machen, etwa beim Gössel- und Kühehüten, »barft« natürlich, barfuß den Sommer hin, sonst in »Schlurren« – den Holzpantoffeln –, weil auch Schuhwerk aus Leder einen Luxus bedeutete. Und die herbstlichen Kartoffelferien gab es zur Erntearbeit, angestrengt vom Morgendämmern bis ins Dunkeln der Nacht, nicht zum Spielen oder Faulenzen. So begann es, so ging es fort bis ins Alter – und zwar nicht bis zur Pensionierung, sondern bis zum Sterben; Urlaub war unbekannt. Besonders die Frauen hatten schwere Lasten zu tragen, bei der Feldarbeit, im Viehstall, mit Familie und Kindern gleich dreifach; oft wirkten sie früh schon gealtert und krummgezogen.

Wahrlich, man wußte und bekam es alltäglich bestätigt, daß das Dasein in dieser Welt von seinem Anbeginn bis zum Ende unter Gottes Gericht stand, wie die Bibel das sagte: »Verflucht sei der Acker um deinetwillen, mit Kummer sollst du dich darauf nähren dein Leben lang. Dornen und Disteln soll er dir tragen, und sollst das Kraut auf dem Felde essen. Im Schweiße deines Angesichts sollst du dein Brot essen, bis daß du wieder zu Erde werdest. Denn du bist Erde und sollst zu Erde werden.«

Nur ein Kapitel weiter ist im ersten Buch Mose die ehrwürdig unheimliche Urgeschichte vom Mord aufgezeichnet: »Und es begab sich, da sie auf dem Felde waren, erhob sich Kain wider seinen Bruder Abel und schlug ihn tot.«

In der verlorenen Heimat scheint es dagegen höchst unbiblisch zugegangen zu sein, beinahe als sei man vor der Vertreibung mit Adam und Eva im Garten Eden gewesen. Jedenfalls sofern man den Erinnerungen trauen darf, wie sie unsere so gern vorgezeigten und stets wiederholten Berichte bestimmen, lebten offenbar nur sündlose Menschen im glücklichen Miteinander: liebe Verwandte, hilfreiche Nachbarn und gute Freunde.

Aber wie schon das Sprichwort sagt: Trau schau wem! Und für das goldgerahmte Erinnern gilt das erst recht. Von dem jüdischen Kaufmann, Händler oder Hausierer ganz abgesehen, zu dessen spurlosem Verschwinden das Gedächtnis hartnäckig schweigt: Es gab Eifersucht und Besitzneid, das Mißtrauen und das kleinliche Nach- oder Vorausrechnen, zum Beispiel wenn zwei junge Leute miteinander »gingen«: Mußte man da nicht schleunigst und energisch einschreiten, durfte daraus eine Hochzeit werden, paßte Acker zu Acker, oder wie sonst sah die Mitgift aus? Wo käme man denn hin, wenn die Paarbildung bloß fürs Turteln und Schnäbeln gemacht wäre, statt für Haus und Hof? Nicht zuletzt gab es den hartnäckigen, oft vergifteten Klatsch; gerade weil man sehr nahe beieinander wohnte und viel voneinander wußte, wollte man noch mehr, wollte man alles wissen – und überbrückte das Nichtwissen mit faulem Gebälk.

Im übrigen bot die Festigkeit der Lebensordnungen keinen Raum zum Ausweichen. Darum wehe bereits dem Anschein von Anderssein und Abweichen – und dreimal wehe über die Außenseiter! Um von den eigenmächtigen Wegen oder Abwegen des Geschlechts nicht zu reden: Das alte verhärmte Weib unterm schwarzen Tuch, von der Gicht gebeugt, das seiner Armut mit dem Kräutersammeln aufhalf, wurde rasch zur Hexe erklärt, wenn unter Kindern der Scharlach umlief oder wenn die Kuh verkalbte. Und dem geistig Armen, dem »Dorftrottel«, lachten und johlten die Buben hinterher.

Man könnte noch lange fortfahren. Doch um zusammenzufassen, in vier Worten nur: Heimat ist keine Idylle. Sie war es niemals und nirgendwo, in keiner Gestalt. Oder schärfer noch: Sie darf es nicht sein. Denn es gibt keine menschliche Einrichtung, die den Preis der Vollkommenheit verdient, außer im Lügengespinst ihrer Lobhudler. Kein Licht ohne Schatten, kein Gutes ohne das Böse, kein Heil ohne Unheil, keine Stärke ohne die zugehörige Schwäche. Aber wahrscheinlich gilt das jeweils auch umgekehrt, und darum wäre nicht einmal menschlich zu nennen, was frei vom Widerspruch bleibt und ganz ohne Entstellung gedeiht.

Nebenher bemerkt: Erst wenn wir zugeben, daß die Kindheit nicht bloß Glück bedeutete, sondern auch Schrecken und Schmerz, Allein- und Verlorensein, können wir die Gegenwart genießen, aus der wir zurückblicken. Im Maße dagegen, in dem wir zum Paradies verfälschen, was einst war, mißrät uns das Alter; immer tiefer und auswegloser treiben wir ins Wehleidige, Grämliche hinein.

Gegen die lauernden Mißverständnisse sei betont: Es geht nicht darum, einzuschwärzen, was Heimat bedeutet, sondern gegen unsere Neigungen zum Vergolden und Glätten geht es darum, im Erinnern genau und unbestechlich zu bleiben. Recht verstanden wird damit ohnehin nichts zerstört, aber Entscheidendes gewonnen: eine Glaubwürdigkeit oder bildhaft ausgedrückt eine Tiefenschärfe, die zum Wiedererkennen, Verstehen und Behalten überhaupt erst taugt. Nur vor dem Hintergrund der Ängste gewinnen Kinderfreuden ihre Konturen, wie die Feste und Festessen vor dem Alltag der Kargheit, wie Liebe und Treue vor der Eifersucht, der Bosheit, dem Verrat.

Wenn sich überdies zur Genauigkeit noch die Kunst gesellt, anschaulich zu erzählen, dann kann es sogar gelingen, bei den Nachwachsenden, die solche Dinge nicht mehr gekannt haben, Interesse und Verständnis zu wecken, obwohl oder vielleicht weil sie ganz anderes gewohnt sind. Ehen, die nicht bloß im siebenten Himmel, sondern sehr irdisch geschlossen wurden, mochten sich als stabil und nicht selten sogar als glücklich erweisen, da doch die Macht der Verhältnisse und nicht nur die Neigung sie trug. Und Arbeit konnte zur Herzensklugheit leiten, konnte Erfüllung bringen, wie es geschrieben steht: »Unser Leben währet siebzig Jahre, und wenn's hoch kommt, so sind's achtzig Jahre, und wenn's köstlich gewesen ist, so ist es Mühe und Arbeit gewesen; denn es fähret schnell dahin, als flögen wir davon.«

Der junge Pastor freilich, der über diesem Spruch die alte Bäuerin aus Hinterpommern zu Grabe predigen soll, traut seiner Bibel nicht mehr, denn eilig fügt er hinzu: »Es stünde allerdings schlimm, wenn das Leben sonst nichts zu bieten hätte.« Ach, was bloß soll man ihm sagen, damit er begreift? Man müßte ihn wohl einladen,

Mitreisender zu werden bei der weiten Fahrt in unsere verlorene Heimat, damit wir sie ihm zeigen und vertraut machen. Aber die Geduld, die dazu gefordert ist, wird er gewiß und mit Recht nur aufbringen, wenn er überzeugt sein darf, daß wir präzise bleiben und ihm nichts vorflunkern.

## Das Zeugnis der Literatur

Wir nähern uns einem ganz wichtigen Punkt, einer Weichenstellung und Gabelung der Geleise, die darüber entscheidet, ob die Reise ins Erinnern sich lohnen wird oder nicht. Kann es gelingen, die verlorene Heimat wirklich wiederzufinden, zu bewahren und in dem Sinne zu retten, daß tatsächlich auch die Nachgeborenen, die Kinder und Enkel sie verstehen und lieben lernen? Oder wird mit uns, den Letzten der Zeugen, alles versinken, was einmal war? Das ist die Frage, und die Antwort hängt vom Maße der Redlichkeit ab, mit der das Erinnern einschließt und nicht abstößt, was den Kleingeistern so leicht zum Ärgernis gerät.

Aber daß die Erinnerung, wenn sie genau bleibt und Schatten nicht scheut, das Verlorene retten und bewahren kann, das ist keine Behauptung, sondern Erfahrung. Für sie spricht ein wichtiges Zeugnis: die Literatur. Im Zeitenwandel und im Feuersturm der Geschichte ist das alte, patrizisch-hanseatische Lübeck so unwiderruflich dahin, wie das einst deutsche, kaschubisch umlagerte Danzig oder das Landleben des Adels in der Mark Brandenburg. Doch wir wissen, wir kennen und lieben, was einmal war, dank Thomas Manns ›Buddenbrooks‹, dank der ›Blechtrommel‹ von Günter Grass, dank der ›Wanderungen‹ und des ›Stechlin‹ von Theodor Fontane. Dies gilt nicht obwohl, sondern weil Thomas Mann exemplarisch die Geschichte eines Niedergangs erzählte, weil Grass das Unheil nicht verschwieg, das inmitten der Kleinbürger brütete, weil Fontane ausgesprochen hat, daß sein brandenburgisch-preußischer Adel zwar im Gestern, aber nicht mehr im Morgen zur Führung taugte.*

Natürlich schrien die lübischen Bürger erst einmal Skandal und brauchten viele Jahrzehnte samt einem Weltensturz, um sich mit dem ketzerischen Sohn ihrer Stadt halbwegs zu versöhnen. Und es versteht sich, daß Günter Grass die selbsternannten Gralshüter seiner und jeder Heimat im Osten bis heute empört. Wie es dem alten Fontane erging, hat er aus Anlaß seines fünfundsiebzigsten Geburtstags selbst und so eindringlich erzählt, daß es sich lohnt, ihm wieder zuzuhören:

Hundert Briefe sind angekommen,
Ich war vor Freude wie benommen,
Nur etwas verwundert über die Namen
Und über die Plätze, woher sie kamen.

Ich dachte, von Eitelkeit eingesungen:
Du bist der Mann der ›Wanderungen‹,
Du bist der Mann der märk'schen Gedichte,
Du bist der Mann der märk'schen Geschichte,
Du bist der Mann des Alten Fritzen
Und derer, die mit ihm bei Tafel sitzen,
Einige plaudernd, andere stumm,
Erst in Sanssouci, dann in Elysium;
Du bist der Mann der Jagow und Lochow,
Der Stechow und Bredow, der Quitzow und Rochow,
Du kanntest keine größeren Meriten,
Als die von Schwerin und vom alten Zieten,
Du fandest in der Welt nichts so zu rühmen,
Als Oppen und Groeben und Kracht und Thümen;
An der Schlachten und meiner Begeisterung Spitze
Marschierten die Pfuels und die Itzenplitze,
Marschierten aus Uckermark, Havelland, Barnim,
Die Ribbeks und Kattes, die Bülow und Arnim,

Marschierten die Treskows und Schlieffen und Schlieben –
Und über alle hab ich geschrieben.

Aber die zum Jubeltag kamen,
Das waren doch sehr, sehr andere Namen,
Auch ›sans peur et reproche‹, ohne Furcht und Tadel,
Aber fast schon von prähistorischem Adel:
Die auf ›berg‹ und ›heim‹ sind gar nicht zu fassen,
Sie stürmen ein in ganzen Massen,
Meyers kommen in Bataillonen,
Auch Pollacks und die noch östlicher wohnen;
Abram, Isack, Israel,
Alle Patriarchen sind zur Stell,
Stellen mich freundlich an ihre Spitze,
Was sollen mir da noch die Itzenplitze!
Jedem bin ich was gewesen,
Alle haben sie mich gelesen,
Alle kannten mich lange schon,
Und das ist die Hauptsache ... ›kommen Sie, Cohn‹.

Skandal und Empörung, Ablehnung oder verbissene Nichtachtung: So war es schon immer, so ist es noch heute, und so wird es wohl bleiben.* Was danach aber und wirklich auf die Dauer uns bleibt, das ist die Erinnerungsarbeit der Dichter, in der eine verlorene Heimat als die gerettete aufersteht.

Übrigens ist es nicht schwer, eine Gegenprobe zu machen. Es gibt ja Romane in Mengen, Bilder und Filme zuhauf, die die Heimat eingängig versüßen. Da rauscht das Meer, die Heide träumt, und die Alpen glühen; aus dunklem Tann tritt der Hirsch und hebt sein Haupt, uns in die Seele zu röhren. Weise Altbauern, versonnene Hirten und herzige Almtöchter bevölkern die Szene. Gesang ist zu hören, nahe wohl, doch mit treffsicherem Abstand an Eichendorff vorüber:

Waldeslust, Waldeslust!
O wie einsam schlägt die Brust.
Ihr lieben Vögelein
singt euer Liedelein
und singt aus Herzenslust
aus voller Brust.

Zwar gibt es Konflikte, zum Beispiel zwischen dem braven Förster und dem verwegenen Wilderer, auch wird um Liebeswirren und Heimweh reichlich geseufzt. Aber darüber muß niemandem bange werden, denn ein glücklicher Ausgang ist allemal garantiert; die Menschenwelt bleibt am Ende so heil wie die Natur ohnehin.

Mit anderen Worten: Kaum ein anderes Thema wird vom Klischee so verzerrt, vom Kitsch so unsäglich gemacht; keine Liebe wird so schamlos ausgebeutet wie die zur Heimat. Dagegen wäre an sich wenig einzuwenden; da unsere Welt nicht die ist, die sie sein sollte, gehört zum Menschlichen ein Bedürfnis nach trivialer Unterhaltung, nach den Traumwelten fürs Gemüt und nach einer Zuwendung der Kreatur, wenn die Einsamkeit uns bedrängt.

In den Augen meines Hundes
Liegt mein ganzes Glück,
All mein Innres, krankes, wundes
Heilt in seinem Blick.

So singt es der »schlesische Schwan«, Friederike Kempner, und wer verstünde es nicht? Erst recht ist der Marlitt ein Ehrenplatz in der guten Stube zu gönnen wie der alten Mamsell ihre Tränenseligkeit bei den ›Liedern aus der Küche‹.

Selbst die Vermarktung im Dienste des Fremdenverkehrs verdient den Hohn nur mit Maßen. Alle die Trachtengruppen, Volkstänzer, Schuhplattler und Peitschenknaller, die markigen oder sentimentalen Heimatsänger und die fröhlichen Blasmusikanten, die sei es künstlich belebten oder brandneuen Traditionsfeste und Narrenzünfte: Sie sind schließlich Mittel zum guten Zweck, Gäste herbeizulocken. Wenn die Leute das mögen und wenn es Geld in die Herrgottswinkel trägt, die früher so bitter arm waren und heute, ohne den Zustrom aus Wanne-Eickel,

Amerika oder Japan, ihren Bewohnern bloß Arbeitslosigkeit bieten könnten – warum nicht? Und niemand, immerhin, wird zum Hinfahren und Mitmachen gezwungen; wer durchaus will, kann auch Babylon zum Reiseziel wählen, ob nun in Frankfurt am Main oder Manhattan.

Wenn wir allerdings fragen, was wir im Heimatrummel und im Kitsch über Heimat erfahren, dann muß die Antwort lauten: nichts. Vielmehr, schlimmer: Sie wird entstellt und zerstört. Hinter den Klischees entschwindet das Konkrete, auf das es ankommt; bei den halbwegs Aufgeweckten, bei den Kindern und Enkeln schafft der wuchernde Kitsch erst einmal Argwohn und Abwehr gegenüber jedem Versuch, von der wirklichen Heimat noch zu erzählen.

Und etwas Finsteres tritt freilich hinzu, eine Abart von Dialektik, bei der die Gemütlichkeit aufhört: Je verlogener die Idylle, desto verbissener wird sie verteidigt, desto heftiger treffen eine aggressive Intoleranz und der Verfolgungswahn jeden, der die angeblich heile Welt auch nur von ferne bedroht. Unversehens, aber folgerichtig kehrt das ausgesperrte Böse zurück. Es wird dingfest gemacht in der Fremde, in der Stadt, besonders der Großstadt als dem Abgrund des Widernatürlichen, der Zersetzung und Entartung; es wird ins Bild gebracht im Menschen oder eigentlich Unmenschen aus der Stadt, sei er der hochmütige Narr, der nichts versteht und alles verdirbt, sei er ein schurkischer Verführer der Unschuld oder der Wucherer, der gnadenlos Schulden eintreibt und biedere Bauern um Haus und Hof prellt.

Einmal auf der Spur, entdecken wir die Keime des Bösen womöglich noch im Anschein des ganz und gar Harmlosen. Wie ist das eigentlich mit Johanna Spyris ›Heidi‹, wofür stehen als Kontrastfiguren der »Alpöhi« und das finstere Fräulein Rottenmeier? Welcher Same senkt sich den Kindern ins Herz, wenn sie miterleben, wie die stadtkranke, gelähmte Klara in Heidis Heimat, in der Reinheit der Berge wundersame Heilung erfährt?*

Man muß, leider, durchaus kein Stadtneurotiker oder Gespensterseher sein, um solche Fragen zu stellen. Denn daß im Namen der Heimat Haß gesät wurde wider die Urbanität als Lebensform, wider Toleranz und Weltoffenheit, das ist keine Behauptung oder Erfindung. Es ist die uns bitter eingebrannte Erfahrung. Mit dieser Aussaat des Hasses begann die Gewalt, an deren Ende die Vertreibung stand – die im Ansturm der Rache verbrannte und verlorene Heimat.

# Viertes Kapitel:
# Reiseerfahrungen, zweiter Teil

Wir wissen meist gar nicht, wieviel wir vom »Damals«, von Kindheit und Heimat noch wissen.

Nach der mißlichen Tatsache, daß Erinnerungen vergolden, ist dies die zweite Reiseerfahrung und die Überraschung zum Guten, die uns erwartet. Allerdings gleicht das Langzeitgedächtnis einem verlassenen Bergwerk mit tiefen Schächten, weitläufigen, oft halb verfallenen Gängen und dunklen Gewölben. Gitter mit verrosteten Türen sperren den Weg, Staubschichten und Spinnweben hindern den Blick auf die Truhen und Schatzkisten, die wir suchen. Wir müssen also geduldig sein und uns Mühe geben; wir müssen Erinnerungsarbeit leisten.

Das ist leicht gesagt, aber schwer getan. »Wie macht man das nur?« In Gesprächen und in den Briefen, die mich erreichen, kehrt die Frage ständig wieder. Von den eigenen Erfahrungen ausgehend, will ich zu antworten versuchen, so gut ich vermag.

Unscheinbar Handwerkliches zuerst: Es ist wichtig, sich Aufzeichnungen zu machen. Im Kopf sieht alles recht einfach, folgerichtig und vollständig aus, aber im Hinschreiben entdecken wir die Lücken und Widersprüche, die uns zur Genauigkeit erst wirklich herausfordern. Doch gerade diese Herausforderung spornt zur Erinnerungsarbeit an und fördert zutage, was wir längst vergessen glaubten. Und hier wie überall macht Übung den Meister; je länger je mehr stellt eine Art von Trainingswirkung sich ein; das Gedächtnis gewinnt Ausdauer und Kraft.

Ich weiß, für viele bildet das Schreiben eine kaum überwindbare Hürde. Im Erzählen fließen die Worte, aber die Feder stockt, kaum daß man sie ergreift. Da kann es ein Hilfsmittel sein, zunächst aufs Tonband zu sprechen. Noch besser ist es natürlich, wenn man einen Partner findet, der durch sein engagiertes Interesse, durchs Fragen und ständiges Weiterfragen die Erinnerungsarbeit in Gang bringt und auf dem Weg hält. Ich habe auf diese Weise eine dramatische Geschichte ans Licht gefördert, die ein Buch füllt.* Das technische Gerät ist übrigens bald vergessen, es stört auch die Großmutter nicht mehr, die ihm anfangs mit Scheu begegnet. Dazu kommt die Freude am Mittun, um nicht zu sagen das Glück, das im Helfen selbst angelegt ist.

Das Aufzeichnen wird noch aus einem anderen Grunde wichtig. Jeder hat schon erlebt, daß er einen Namen suchte, der ihm »auf der Zunge« lag, aber um so weniger herauszubringen war, je mehr man sich anstrengte. »Drei Silben, und etwas von Baum oder Käfer, von Wald oder Wiese war darin ...«

Bildhaft ausgedrückt: Im strömenden Wasser hat ein Stück Treibholz sich verquer im Geröll festgesetzt, und je mächtiger der Wasserdruck, desto fester verklemmt es; erst wenn die Strömung verebbt, kann das Holz sich lösen. Unversehens, wenn wir gar nicht mehr daran denken, vielleicht beim Aufwachen in der Nacht ist der vertrackte Name dann da: Borkenfeld! Natürlich, wie konnte man den bloß vergessen? Doch der Kerl bleibt tückisch; so plötzlich, wie er auftauchte, verschwindet er wieder. Daher lohnt es sich, Notizblock oder Diktiergerät stets in Bereitschaft zu halten, um ihn dingfest zu machen.

Mancher mag fragen, ob es auf solche Details, auf Namen überhaupt ankommt. Doch, es kommt darauf an; an der Genauigkeit bis ins kleinste hinein entscheidet sich alles, nicht nur, aber auch, weil sie einen Sperriegel bildet gegen die Gefahr des Vergoldens. Zur Anschauung zwei Geschichten:

In meiner ›Reise nach Pommern‹ habe ich von der Heimatstadt Stolp erzählt; beim Bericht über einen Rundgang heißt es: »Auch das Wiesenbad dürfen wir nicht vergessen, wo Meisterin Josefine Schnabel die hohe Kunst des Schwimmens denjenigen beibringt, die tatsächlich sie erlernen wollen, obwohl das eher wesensfremd wirkt. Denn eigentlich scheut der Pommer das Wasser, das er so reichlich hat, als sei es geweiht und er selber des Teufels ...«

»Josefine Schnabel, ich bitte Sie!« habe ich dazu später zu hören bekommen. »Wollen Sie etwa beim Namenerfinden mit Thomas Mann konkurrieren?«

»Nein, keineswegs, sehen Sie hier: das Freischwimmerzeugnis meines gefallenen Bruders mit der Unterschrift, wunderbar klar im altmodischen Sütterlin.« Ein Zufall gewiß; fast alles ging 1945 verloren, und ausgerechnet dieses vergilbte Papier mit dem Datum vom 5. September 1928 hat sich erhalten. Um so wichtiger ist es, sorgsam zu nutzen, was sich noch bietet.

In der Gegengeschichte geht es um das erste Haus am Platze, um »Mund's Hotel«. Der Inhaber dieses Etablissements hieß Carl Dunkel, aber nicht er war der wirkliche Herr im Hause, sondern der altgediente Oberkellner; der nämlich entschied, ob jemand zum Allerheiligsten, dem getäfelten Herrenzimmer, Zutritt erhielt oder nicht. Der Name indessen war und blieb entschwunden, allen Nachforschungen zum Trotz; darum mußte er unerwähnt bleiben und die Anekdote, auf die es ankam, Herrn Dunkel zugeschoben werden: eine vielleicht winzige, dennoch ärgerliche Untreue im Detail. Inzwischen, zu spät leider, weiß ich es besser, dank der Mithilfe meiner Leser: Behnke hieß der Mann.*

Selbstverständlich geht es nicht nur, eigentlich bloß am Rande um Namen; es geht um die Genauigkeit überhaupt. Damit wir uns im weiten Feld nicht verlieren, sei gleich wieder eine Geschichte erzählt, diesmal von Alfred Polgar.* Sie handelt sarkastisch, aber mit dem bitteren Hintergrund der Emigration, vom Schicksal des europäischen Schriftstellers in Amerika. Der will sein Manuskript in einem populären Magazin unterbringen, und der Redakteur zerpflückt es ihm:

»›Sehen Sie zum Beispiel gleich hier. Hier schreiben Sie: Er hieb ihm mit seinem Stock über den Schädel. Ein guter Satz. Ein sehr guter Satz. Unanfechtbar. Aber was war das für ein Stock? Ein billiger oder ein teurer? Darüber verlieren Sie kein Wort, erzählen hingegen, was der Mann mit dem Stock bei dem Hieb sich gedacht hat. Hier verlangt man von einer Story Tatsachen. Man verlangt, daß in ihr Faktum sich an Faktum reiht wie Stein an Stein auf einer gut gepflasterten Straße. Auf Ihrer Straße, lieber Freund, sind die Ritzen zwischen den Steinen breiter als diese, und viel überflüssiges Gras wächst aus ihnen.‹

›Und daheim haben sie mich einen Asphalt-Literaten geschimpft!‹ dachte wehmütig Herr Bederich.

›Weiter. Ihr Held sitzt stundenlang in einem gemütlichen Kaffeehaus. In Amerika gibt es kein Kaffeehaus, in dem man stundenlang sitzt, und wenn es eines gäbe, wäre es nicht gemütlich, und wenn es gemütlich wäre, wäre es längst pleite. Wenn in Ihrer Geschichte zwei Leute einander begegnen, schütteln sie sich die Hand. Das tut man hierzulande nicht. Ihr Held empfängt von seinem Gegner eine Ohrfeige. In Amerika wird geboxt, nicht geohrfeigt . . .‹

Mr. Gladham fuhr fort in der Aufzählung der Story-Irrtümer, betreffend Amerikas Bräuche, Anschauungen, Manieren, Geschmack, Methoden und Tabus. ›Um es kurz zu fassen‹, resümierte er: ›Was in Ihrer Geschichte getan wird, das tut man nicht in Amerika. Wie in ihr geliebt wird, so liebt man nicht in Amerika. Wie in ihr gelacht und geweint wird, so lacht beziehungsweise weint man nicht in Amerika. Wie in ihr gelebt und gestorben wird, so lebt und stirbt man nicht in Amerika.‹

Bederich schnappte nach Luft . . . ›Das Klügste wird wohl sein‹, sagte er mit unpassender Bitterkeit, ›ich nehme meine Manuskripte und werfe sie ins Klosett.‹

›Hierzulande wirft man nichts ins Klosett, Mr. Bederich.‹

›Es war nicht buchstäblich gemeint, Mr. Gladham.‹

›In Amerika drückt man sich exakt aus, Mr. Bederich.‹«

Wahrlich eine bittere Lehrstunde. Dabei geht es noch gar nicht um die literarische Qualität, sondern um jene Genauigkeit, die ihre Grundlage bildet. Die Geschichte schärft auch ein, daß Genauigkeit je nach dem Milieu ganz verschieden bestimmt werden muß – und daß wir nur von dem wirklich zu erzählen vermögen, was wir intim kennen, weil wir es wie Muttermilch und Muttersprache sehr früh schon aufnahmen. Das gilt erst recht, wenn wir von Heimat sprechen; wie nirgendwo sonst kommt es auf das Konkrete, das Elementare, an, zu dem Geruch und Geschmack einst uns geleitet haben, das der Tastsinn der Hände uns begreifen ließ.

## Von den Vorbildern, von den Hilfsmitteln und vom Lohn des Erinnerns

Können wir aus der großen Literatur und vom Vorbild der Schriftsteller etwas lernen? Es wäre wohl eben dies: genau zu sein. Ob wir die großen Erzähler des 19. Jahrhunderts wie Balzac, Dikkens oder Tolstoi lesen, ob einen Klassiker der Moderne wie James Joyce, bei dem fast nichts geschieht und alles auf einmal, ob Marcel Proust, das Genie des Erinnerns, ob Heinrich Böll in seinen frühen Kurzgeschichten: Es gilt für sie alle, nur stets auf besondere Weise. Auch die Autorinnen und Autoren des Kriminalromans von Rang sind genau. Und schon Homer war es; darauf vertrauend fand Schliemann sein Troja. Wir dürfen uns freilich durch die Unterschiede des Stils, die Vielfalt der Erzählweisen nicht beirren lassen; ob Realismus oder Surrealismus, Phantastik, schwarzer Humor, ironische Brechung oder was immer: Darauf kommt es nicht an. Vielmehr gilt, daß gerade das »Abheben«, die Freiheit zum Fliegen ins Erfinden und Fabulieren hinein, das Verschieben der Zeitebenen und so fort die Genauigkeit um so mehr voraussetzen. Denn sie nur garantiert, daß in einem tieferen Sinne gleichwohl »stimmt« und Bedeutung gewinnt, was gesagt wird.

Natürlich, gegen die Mißverständnisse: Wir dürfen uns von berühmten Namen nicht den Kopf verdrehen und schon gar nicht einschüchtern lassen, so als sollten wir mit ihnen nun konkurrieren. Aber lernen, was es zu lernen gibt, das hat noch keinem geschadet. Als ich meine ›Reise nach Pommern‹ begann, habe ich Theodor Fontane bei seinen ›Wanderungen durch die Mark Brandenburg‹ über die Schulter und ins Handwerk geschaut, bewundernd mit angehaltenem Atem: Wie macht er das nur, so anschaulich, so leicht und doch so konkret zu sein?

Ja, konkret sein: Wenn von einem Wald die Rede ist, sollte man die Bäume zu sehen bekommen: Waren es junge Fichten oder alte Buchen? So überall: Wie baute man Häuser, gab es Stroh- oder Ziegeldächer? Gehörte zur Straße ein Sommerweg, bot sie Kopfsteinpflaster, oder hat man sie überteert? Erst recht dürfen die Menschen nicht hinter Begriffen verschwinden; nur in Anekdoten, in ihrem Reden und Handeln gewinnen sie Gestalt und Charakter.

Schließlich und nicht zuletzt gleicht es einem Schuldenmachen ohne Deckung des Kontos, wenn Stimmungen beschworen oder Werturteile gefällt werden, für die in der Sache, im Geschehen selber das Kapital nicht schon angelegt wurde. Ist es dort aber zur Genüge vorhanden, so würde man wiederum ins Überflüssige, in die schiere Verschwendung geraten, wenn man es in längst abgegriffener Münze noch nachzählen und verdoppeln wollte.

Doch wie nun erreichen wir das Konkrete? Wie schärfen wir das Erinnern zur Genauigkeit? Viele Hilfsmittel bieten sich an. Eines besteht darin, so zu tun, als würden wir die Reise ins »Damals« leibhaftig antreten. Es gibt alte Fahrpläne und die längst verjährten Kursbücher, sogar im Neudruck: Wann fuhr der Zug in Berlin ab, wann kam er in Stolp an, wie ging es mit der Kreisbahn dann weiter bis zum Ende in Rumbske, Klenzin oder Dargeröse? Es ist ganz unglaublich, was im Gedächtnis alles auftaucht, sobald wir diesen ersten Schritt ins Konkrete wagen, mit dem Finger von Station zu Station, eine alte Landkarte gleich dabei.

Und so immer weiter: Vergilbte Fotos, der vergessene Schuhkarton im Keller mit Notizen und Abrechnungen, Großmutters Kochrezepte, ein

Schulzeugnis, der Trauschein, das Gesangbuch mit dem eingeschriebenen Spruch und dem Datum der Konfirmation: Nichts ist so unscheinbar, als daß es dem Erinnern nicht beispringen könnte. Dazu dann die Bücher, alte wie neue. Und leben nicht Menschen, so weit sie auch zerstreut wurden und so wenige es inzwischen sein mögen, die dieses oder jenes noch aufbewahren und wissen? Jedenfalls meine Erfahrung sagt, daß es sich lohnt, ganz wörtlich und weltlich zu nehmen, was in der Bibel geschrieben steht:

»Bittet, so wird euch gegeben; suchet, so werdet ihr finden; klopfet an, so wird euch aufgetan.«

Eine naheliegende Frage drängt sich allerdings auf: Sollte man die verlorene Heimat nicht wirklich besuchen? Der Ort wenigstens ist geblieben, und so vieles inzwischen verändert sein mag, so viel bleibt fürs Wiederfinden übrig: alte Bäume, der Badesee der Kindheit, ein überwachsener Friedhof, die Kirche und sonst ein paar Häuser, der Himmel über der Landschaft. Vom nördlichen Ostpreußen abgesehen, das bisher noch verriegelt ist, kann man praktisch reisen, wohin man will, und Tausende von Menschen haben im Wortsinne erfahren, daß auch oder gerade jenseits von Oder und Neiße der Spruch aus der Bibel seine Gültigkeit beweist. Dennoch ertappe ich mich im Zögern und Zweifeln; mir fällt ein, wie meine Mutter im hohen Alter eine Jugendfreundin in Berlin besuchte – und traurig zurückkam.

»Aber warum nur, habt ihr euch nicht verstanden?«

»Doch, sehr gut sogar. Nur, weißt du: Ich habe das alte Berlin so geliebt – und jetzt schiebt sich immer das neue davor.«

Bis auf das letzte Kapitel, das von der Gegenwart handelt, habe ich darum meine Reise in der Zeit zurück nach Pommern abgeschlossen, bevor ich sie im Raum antrat; zudem fühlte ich mich durch die Erinnerungsarbeit befreit, nun unbefangener aufzunehmen, was mich erwartete. Für andere mag es sich anders verhalten; ich wage keinen Rat.

Eines allerdings läßt sich mit Zuversicht sagen: Die Reise ins Erinnern scheidet uns nicht vom Leben, sondern führt zu ihm hin. Erinnerungsarbeit leisten, heißt zwar der Trauer um das Verlorene sich aussetzen. Aber je weiter wir vordringen, desto stärker erfahren wir eine Umwendung; im Aufarbeiten verwandelt sich Trauer Schritt um Schritt in die Freude des Wiederfindens – wie das Zeugnis des Dichters uns wissen läßt:

> Dort empfangen sie mich. O Stimme der Stadt, der Mutter!
> O du triffest, du regst Langegelerntes mir auf!
> Dennoch sind sie es noch! Noch blühet die Sonn' und die Freud' euch,

O ihr Liebsten! und fast heller im Auge, wie sonst.
Ja! das Alte noch ist's! Es gedeihet und reifet, doch keines
Was da lebet und liebt, lässet die Treue zurück.
Aber das Beste, der Fund, der unter des heiligen Friedens
Bogen lieget, er ist Jungen und Alten gespart.
Thörig red ich. Es ist die Freude.

Das Gedicht stammt von Hölderlin. Im Nachdenken über Heimat hat Peter Härtling es kommentiert:

»Auf diesen ›Fund‹ kommt es mir an. Ich hoffe, daß ich ihn so verstehe, wie Hölderlin ihn verstanden hat. Der Fund ist der Kern. Der Anfang. Das, was Heimat ist und immer sein kann. Immer das Erste. Das erste gehörte, gelernte Wort. Die Stimme der Mutter, die Muttersprache. Der erste Blick, die erste Ansicht vom Menschen, der Umgebung; die erste Landschaft, an der alle späteren, und seien sie unvergleichlich, gemessen werden. Der erste Schritt, mit dem man in die Welt stürzt. Die erste Erfahrung mit anderen, eine selbstverständliche soziale Unterweisung. Lernen, was Nachbarschaft heißt. Nähe nutzen, Weite ahnen. Die erste Schulstunde. Der erste Freund. Die erste Liebe. Die erste Lüge, und wie zum ersten

Mal das, was haltbar schien für alle Zeit, aufreißt und quält. Ich versuche Glück zu erklären, aber auch, wie man hineinfindet ins Leben. Es ist ein begrenztes Dasein, geschützt durch vielfach erprobte Absprachen, noch Anarchie, noch nicht geformt und gedrückt, noch regellos genug, daß alles, aber auch alles denkbar ist – und wenn das Erste verbraucht ist, immerhin das Neue noch wartet. Wer solche Frische auch nur in Fragmenten aufgenommen hat, will sie wiedergewinnen. Da aber das Erste nicht mehr das Erste sein kann, ändert sich das Ziel, kehrt sich der Verlust zum Entwurf.«*

# Fünftes Kapitel:
# Großeltern und Enkel oder: Wie wir Heimat bewahren, indem wir erzählen

## Von der Frau Viehmännin und den anderen Großmüttern

In der Vorrede zu ihrer Märchensammlung preisen die Brüder Grimm den guten Zufall, daß sie in dem Dorfe Niederzwehren bei Kassel eine Bäuerin kennenlernten, die ihnen so viele und die allerschönsten Märchen erzählte. Dieses Erzählen ist eine eigene und inzwischen fast verlorene Kunst. Aber sie ist wichtig, denn von ihr hängt ab, ob es gelingt, nicht nur für uns zu bewahren, sondern auch weiterzugeben, was wir bei unserer Reise in die Erinnerung fanden. Hinzu kommt, daß das Erzählen selbst eine Form des Erinnerns darstellt; ohne das Weitergeben und Wegschenken behalten wir auch nicht, was wir haben.

Die verlorene Kunst des Erzählens: Wie übt man sie? Zur ersten Orientierung mag das berühmte Beispiel nützlich sein, von dem die Grimms berichten:

»Die Frau Viehmännin war noch rüstig und nicht viel über fünfzig Jahre alt. Ihre Gesichtszüge hatten etwas Festes, Verständiges und Angenehmes, und aus großen Augen blickte sie hell und scharf. Sie bewahrte die alten Sagen fest im Gedächtnis und sagte wohl selbst, daß diese Gabe nicht jedem verliehen sei und mancher gar nichts im Zusammenhang behalten könne. Dabei erzählte sie bedächtig, sicher und ungemein lebendig, mit eigenem Wohlgefallen daran, erst ganz frei, dann, wenn man es wollte, noch einmal langsam, so daß man ihr mit einiger Übung nachschreiben konnte. Manches ist auf diese Weise wörtlich beibehalten und wird in seiner Wahrheit nicht zu verkennen sein. Wer an leichte Verfälschung der Überlieferung, Nachlässigkeit bei Aufbewahrung und daher an Unmöglichkeit langer Dauer als Regel glaubt, der hätte hören müssen, wie genau sie immer bei der Erzählung blieb und auf ihre Richtigkeit eifrig war; sie änderte niemals bei einer Wiederholung etwas in der Sache ab und besserte ein Versehen, sobald sie es bemerkte, mitten in der Rede gleich selber.

Die Anhänglichkeit an das Überlieferte ist bei Menschen, die in gleicher Lebensart unabänderlich fortfahren, stärker, als wir, zur Veränderung geneigt, begreifen. Eben darum hat es, so vielfach bewährt, eine gewisse eindringliche Nähe und innere Tüchtigkeit, zu der anderes, das äußerlich viel glänzender erscheinen kann, nicht so leicht gelangt. Der epische Grund der Volksdichtung gleicht dem durch die ganze Natur in mannigfachen Abstufungen verbreiteten Grün, das sättigt und sänftigt, ohne je zu ermüden.«*

Vorab und einmal mehr verdient Beachtung, wie eindringlich die Zeugen von Rang uns auf die Genauigkeit als Grundtugend hinweisen. Vielleicht hängt es mit dem Siegeszug des Schreibens und Lesens zusammen, daß wir dem Wahn erliegen, es komme nicht aufs i-Tüpfelchen an, weil wir im Zweifel immer noch das Geschriebene zum Rückhalt haben. Doch darin irren wir sehr; im Ungefähren verliert das Erzählen sein Leben und seine Überzeugungskraft. Beim Zuhörer keimt schnell der Verdacht, daß es »irgendwie« gewesen sein könne, so wie wir gerade sagen oder auch anders, und schon ermüdet er, schon läßt seine Aufmerksamkeit nach, weil ihm keine Einzelheit mehr als wirklich wichtig erscheint; schon verschwimmt im Nebel, was wir berichten wollten. Wer das nicht glauben mag, sollte sich von den Kindern oder Enkeln im Vorschulalter belehren lassen; es empört sie zu Recht, wenn wir beim Wiederholen einer Geschichte streunen und schludern.

Je fester wir uns an die Genauigkeit binden, desto näher kommen wir übrigens dem Ziel einer bildkräftigen Sprache. Wenn wir zum Beispiel nicht bloß von Pferden reden, sondern sagen, daß sie Kaltblüter hießen – nicht wegen der Temperatur ihres Blutes, sondern des im muskelstarken Körperbau beschlossenen Temperaments, das nicht zum übermütigen Galoppieren, kaum zum Traben gemacht war, vielmehr zur bedächtigen Kraftentfaltung –, dann wecken wir unwillkürlich bereits eine Ahnung davon, wie schwer die Arbeit früher einmal war, die die Tiere und mit ihnen die Menschen zu leisten hatten.

Doch wenden wir uns jetzt einem anderen Hinweis der Brüder Grimm zu. Es heißt von der Frau Viehmännin, daß sie »noch rüstig« und nicht viel über fünfzig Jahre alt war. Nach den Maßstäben der Zeit, an die durchschnittliche Lebenserwartung gebunden, bedeutet das aber durchaus nicht, was wir unterstellen. Als man in Königsberg den fünfzigsten Geburtstag Immanuel Kants beging, wurde der Jubilar als »ehrwürdiger Greis« angeredet, und ein ›Lexikon der Dame‹ bestimmt im ersten Drittel des 19. Jahrhunderts eine Matrone als »Frau über dreißig Jahren«. Mithin handelt es sich bei der Viehmännin um eine alte Frau, die ihre Lebensmitte längst hinter sich hat; nur darum wird als Anmerkung wichtig, daß sie noch rüstig ist. Vom Ehrenrang ihres Alters, wie er den Großmüttern gebührt, blickt sie zurück, setzt sich und beginnt: »Es war einmal ...« – indessen zwei junge Leute, Jacob und Wilhelm, »Twens« nach neudeutschen Begriffen, ihre Ohren und die Schreibstifte spitzen.

Der Sachverhalt sollte unser Nachdenken wekken; man darf ihn exemplarisch nennen. Nicht zufällig, sondern mit innerer Notwendigkeit hören wir wieder und wieder, daß es die Großmütter oder Großväter sind, die erzählen. Es gehört zu ihren Aufgaben – um nicht zu sagen: es ist ihres Amtes –, das Überlieferte zu bewahren, indem sie den Enkeln weitergeben, was sie vom »Damals« wissen. In vormodernen Kulturen, in denen die Masse der Menschen aus Analphabeten besteht, wird das noch deutlicher. Dort ist das Erzählen ein eigener Beruf, denen vorbehalten, die mit ihrem Aufrücken ins Alter Erfahrung und Weisheit sammelten, Würde verkörpern und Vertrauen verdienen.

Ja, Vertrauen: Die Alten nämlich haben ihre Karriere, ihren Ehrgeiz und ihr Machtstreben schon hinter sich; darum wächst ihnen eine Chance zu, auch die Parteilichkeit hinter sich zu lassen, die den jüngeren und mittleren Jahrgängen so leicht und oft so schwerwiegend verzerrt, was die Welt ist und wie sie gerade gestern noch war. Darum ist es kein Zufall, wenn wir aus allen Kulturen und Zeiten zu hören bekommen, daß die Menschen und die Völker zum Schlichter im Streit den weisen Alten bestimmen, von dem man das sprichwörtlich »salomonische Urteil« erwartet.* Und darum können die Alten unbefangener als die Jungen, mit mehr Gelassenheit sagen, »wie es eigentlich gewesen«.

Aber noch etwas tritt hinzu, das Entscheidende: In der Generationenfolge sind dem Verhältnis von Eltern und Kindern gleichsam von seiner Natur her die Konflikte schon vorprogrammiert. »Tu' dies nicht, aber das, höre doch endlich, was wir dir sagen!« – so dröhnt es den Jungen in die Ohren, bis sie, folgerichtig, sich als harthörig erweisen, je weiter sie heranwachsen, desto trotziger. Ohnehin müssen die Nachwachsenden sich früher oder später von den Eltern und Lehrern losreißen, um ihr gesondertes Leben und ein eigenes Selbstbewußtsein zu begründen. Dazu taugt als Mittel, sei es noch so ungerecht, von den Vätern Rechtfertigung einzufordern, wenn nicht gar ihr Versagen und ihre Schuld einzuklagen für das, was sie getan haben oder versäumten. Ganz und gar nicht taugt indessen als Gegenwaffe jenes »Seid dankbar!«, mit dem Eltern ihre Kinder geradewegs zur Verzweiflung und, sozusagen in der Notwehr, aus dem Hause treiben.

Wieder einmal beispielhaft ließ sich dieses Verhältnis oder vielmehr Mißverhältnis der Generationen übrigens an den Heimatvertriebenen beobachten. Nach dem Kriege blickten die Älteren wehmütig zurück, und im Kontrast zu den bitteren Erfahrungen der Fremde vergoldete sich ihnen je länger je mehr, was sie verloren hatten. Die Jungen aber stimmten sich auf die neuen Verhältnisse und die Möglichkeiten ein, die sie darin entdeckten; sie konnten die längst erstarrten, stets wiederholten Geschichten vom »Damals« einfach nicht mehr ertragen.

Im Verhältnis der Großeltern und Enkel sieht es anders aus; weder die Rechtfertigung noch das Losreißen sind noch nötig. Die Jungen können sich den Alten wieder zuwenden, ihnen zuhören, sogar sie bedrängen: »Bitte erzählt!« Darum kehrt in den Briefen, die mich erreichen, in vielen Abwandlungen ein Satz ständig wieder: »Meine Kinder interessiert das nicht, aber die Enkel.«

Tatsächlich wächst inzwischen bei jungen Menschen die Neugier aufs »Damals«; sie wächst in einer Weise, wie sie noch vor fünfzehn oder vor zwanzig Jahren – 1968 – unvorstellbar gewesen wäre; die Nachkriegskinder hätten nur mit Hohn reagiert. Aber im Aufruhr von 1968 ging es nun einmal um den Richtspruch über die Väter*, und wenn im Getöse überhaupt ein paar Stimmen durchdrangen, stammten sie wiederum – von Gustav Heinemann bis Heinrich Albertz – aus den Rängen der Großväter.

»Erinnert euch und erzählt« – das sollte niemand sich zweimal gesagt sein lassen. Denn dies, verehrte Großmütter und Großväter, dies ist eure Aufgabe, eure Verantwortung. Indem ihr es übt, wächst euch Freude zu – und die Würde des Amtes. Denn es geht nicht mehr darum, in trostlosen Masken der Munterkeit, als sogenannte Senioren, das Altsein zu verstecken und den Enkeln eine Konkurrenz zu machen, die schon verloren ist, noch bevor sie beginnt. Es geht vielmehr darum, das Alter selbstbewußt sehen zu lassen und von ihm her an die Jungen weiterzugeben, was sie nirgendwo finden werden, wenn nicht bei euch.

# Die Magie des Konkreten

Wer nach langer Zeit heimkehrt an den Ort seiner Kindheit, der macht eine seltsame Erfahrung: Vieles ist so viel kleiner, als die Erinnerung sagte. Der Junge, der einst mit seinen Eltern im Patronatsgestühl der Dorfkirche von Glowitz saß, er thronte sehr hoch und erhaben über der Gemeinde und über dem Pastor, auf die er in die Tiefe und Weite hinabschaute. Nun aber, um Jahrzehnte später, hängt die Empore auf einmal so niedrig, als sei sie gesunken wie ein Schiff im Sturm; vom Flur der Kirche aus muß man nur die Hand ausstrecken, um ihr Geländer zu fassen.

So groß unsere Überraschung zunächst einmal sein mag, man braucht wenig Nachdenken, um den Sachverhalt zu verstehen. Kinder sind kleine Leute, sie müssen für die gleiche Entfernung viel mehr Schritte machen als die Erwachsenen, und ihre Arme reichen weder hoch noch weit. Sie leben als Zwerge im verwunschenen Lande der Riesen, und daher erscheint ihnen riesig, was später auf Normalmaße schrumpft. Die Welt überhaupt, in der sie aufwachsen und sich auskennen, mißt nicht nach Autobahnstrecken oder gar Flugstunden, sondern zuerst nur fünfzig oder hundert, dann ein paar hundert Meter im Geviert. Sie umfaßt das eine Haus des Zu-Hause-Seins samt Vorgarten und Hinterhof, die angrenzenden

Häuser dazu, ein Stück Straße noch; die Rollerfahrt zum Platz um die Kirche herum ist fast schon ein Ausflug.

Gewiß, alles bleibt relativ, sogar die Welt der Kinder. Als Vier- oder Fünfjähriger bin ich morgens losmarschiert, mit dem Butterbrot zum zweiten Frühstück in der Umhängetasche, am See vorüber in den Wald hinein, tiefer und tiefer dem Kuckuck hinterher, manchmal bis zur »Schwedenschanze«, die so hieß, weil dort einst, im Dreißigjährigen Krieg, weit abseits der Straßen hinter Dickicht und Erdwall die Menschen mit ihrem Vieh sich bargen, um den Mordbrennern im Harnisch zu entrinnen.

> Bet', Kindlein, bet'!
> Morgen kommt der Schwed',
> Morgen kommt der Ochsenstern,
> Der wird die Kindlein beten lehr'n!

Das stammte aus jener Vorzeit des 17. Jahrhunderts, das hatte sich als Erinnerung an den Schrecken über viele Generationen vererbt; aus dem Erzählen vom »Damals« behalte ich es noch immer im Ohr. Natürlich hätten es auch die Kaiserlichen unterm Wallenstein sein können.

Beim Nachzirkeln heute packt mich Erstaunen: Von der Haustür fort lag die Schwedenschanze eindreiviertel Kilometer entfernt – in der geraden Linie gemessen, also auf den wirklichen Wegen und Umwegen gewiß noch viel weiter; für Stunden muß ich gewandert sein. Doch niemanden daheim hat das je beunruhigt. Wozu denn, wovor sich fürchten? Zwar Rehe und Hasen mochten mir begegnen, ein Fuchs vielleicht, aber Menschen kaum, vom mörderisch rasenden Blech auf Betonpisten nicht zu reden; im schlimmsten Falle hätte »Faust«, der Jagdhund, mich schnell gefunden. Darum blieb selbst dies die sehr kleine, die Kinderwelt, die in der Stadt nach nur wenigen Dutzend Schritten schon an Grenzen gelangt.

Wie im Raum, so in der Zeit. Was wiegt, ist konkret, ist hier und heute, ist der Augenblick mit seinem Abstand zum Essen oder zum Schlafengehen. Das andere verschwimmt. »Gestern« meint alles, woran man sich erinnert, daß es einmal war, gleich ob tatsächlich gestern oder vor einem Jahr. Und wer will die Zukunft ermessen, sofern man nicht an den Fingern abzählt, daß man bis zum Christkind noch dreimal, zweimal, einmal schlafen muß? Diese Unbestimmtheit der Zeit, wo sie konkret nicht zu fassen ist, verweist das Kind in vormoderne Welten. Es klingt nach naher Verwandtschaft, wenn man in einem Bericht aus Mexiko liest:

»Diejenige Haltung, welche dem Indio den Ruf der Faulheit und Haltlosigkeit eingetragen hat, ist einzig seine Unpünktlichkeit, sein Mangel an Zeitsinn, oder wie immer man das nennen mag. Er lebt eben nach seinem eigenen Rhythmus, auf seiner eigenen Zeitebene. Die Vergangenheit ist wirklich, sie ist gewesen, wir alle haben sie gestern gesehen. Auch das Heute ist wirklich, ist heiß oder kalt, wir haben gegessen oder nicht gegessen, jedes Menschen Körper oder Magen kann das ohne Zaudern entscheiden. Aber das Morgen ist hypothetisch, es existiert nicht, ist völlig unwirklich, und Dinge, die unwirklich sind, haben keine bestimmten Dimensionen und keine bestimmte Zeitdauer. ›Ich komme morgen‹, sagt ein Indio und kommt vier Monate später – oder vielleicht auch fünf. Dennoch hat er nicht gelogen, hat weder betrogen noch versucht zu betrügen. Er hat nichts anderes getan, als daß er seine Gedanken aufs Unwirkliche richtete. Und wie in aller Welt kann man etwas definieren, was nicht existiert?«*

Doch wir sollten uns durchaus nicht erhaben dünken und müssen so weit in die Ferne gar nicht erst gehen. Ich bin noch in einer Lebensordnung aufgewachsen, für die im Kreislauf des Jahres oder – genauer – der Natur alle wirklich wichtigen Zeitbestimmungen sehr konkret blieben: die Frühjahrsbestellung, das Rübenverziehen, Anfang und Ende der Ernte, das Erntefest. »Verzagt man nicht, es geht auf Ostern«, pflegte unsere Köchin zu sagen, wenn Weihnachten, Silvester und Neujahr vorüber waren. Und das ergab über drei dunkle und kalte Monate hinweg eine vernünftige Perspektive, weil sie der Hoffnung ein

Ziel bot. Auf eben diese Weise keimt in Kindern die Zukunft: im Blick auf den versprochenen Ausflug, den Geburtstag, der »bald« kommen soll – und darauf, daß man »morgen« groß sein wird wie die Großen.

Die abstrakte Zeit, die wir uns demonstrativ ums Handgelenk binden und die jeweils die Sieger den Besiegten ebenso demonstrativ rauben, damit sie ihre Niederlage, ihre Entmündigung begreifen, eine Zeit, die Geld ist und immerfort mit Terminen drängt, weil sie bloß vergeht, reißend von der Zukunft her ins Überholte hinweg: diese Zeit ist eine moderne, also späte Erfindung. Es hat Jahrhunderte gebraucht, um sie als die Bedingung von Fortschritt und Zivilisation uns einzuprägen, und jedem Kinde fordern wir ab, daß es im Heranwachsen diesen »Prozeß der Zivilisation« noch einmal vollzieht.*

Eine Spur freilich, eine dunkle Erinnerung an den Preis, den wir dem Fortschritt zu zahlen hatten, bleibt im Untergrund unseres Bewußtseins immer bewahrt. Darum blicken wir manchmal – vergoldend und glättend – auf die Kindheit als das verlorene Paradies, aus dem der Sündenfall des Großwerdens uns so unwiderruflich vertrieb, wie der Fluch Gottes Adam und Eva aus dem Garten Eden. Man könnte ebenso sagen: Wir blicken zurück auf die verlorene Heimat. Denn dies, das Konkrete, wie zum Beispiel die Bedeutung der Gerüche und das Begreifen im Wortsinne es ausweisen, dies ist es, was Kindheit und Heimat unlösbar verbindet. Und das Abstrakte ist das, was uns vertreibt. Eben darum erfordert es viel, sich wirklich und genau zu erinnern – und Kindheit und Heimat in das Bild zu bringen, das ihnen gebührt.

Um nun nicht bloß abstrakt vom Konkreten zu reden, seien drei Kindergeschichten erzählt. In der ersten kommt das Kindermädchen aufgeregt zur Mutter gerannt:

»Der Junge, der Junge, bitte schnell! Er ist plötzlich sehr krank. Er sitzt auf dem Fußboden, er starrt vor sich hin, er atmet so seltsam ...«

Tatsächlich! Zwar gibt es kein Fieber, wie die Mutter mit einem Handgriff zur Stirn feststellt, aber der Atem fliegt sehr hastig und flach.

»Kind, was ist, was hast du?«

»Ich mache Chinesen tot.«

»Wie bitte, was machst du?«

»Chinesen tot. Onkel Biedermann hat gesagt, es gibt so ganz, ganz viele, und immer, wenn ich einmal atme, dann geht einer tot.«

Es liegt nahe, von einem magischen Denken zu reden, wie es bei frühen Völkern, bei »Primitiven« zu Hause ist – oder im Märchen. Doch hier zumindest kann das offensichtlich nur heißen: konkret sein, wie die Erwachsenen es kaum noch vermögen, so konkret, daß sogar die Worte beim Wort genommen werden. Ähnlich in der zweiten Geschichte:

Ein schweres Gewitter tobt. »Jetzt brennt es in Großendorf wieder«, meldet der Junge vorlaut. Denn er weiß, daß dieses Dorf vor ein paar Jahren nach einem Blitzschlag in Flammen aufgegangen war.

»So etwas sagt man nicht!« – »Mal' den Teufel nicht an die Wand!« – »Wehe, wehe, es kann ja wirklich passieren!«

Kaum ausgesprochen, kaum zurechtgewiesen, läutet im Dorf schon die Feuerglocke. Es hat tatsächlich eingeschlagen, und ein großer Bauernhof brennt mit Haus, Stall und Scheune bis auf die Grundmauern nieder.

Welch ein Schrecken, welche Zentnerlast von Schuld auf dem Herzen! Der Junge möchte sich verkriechen, um nie, nie wieder aufzutauchen. Als Glück im Unglück erweist sich am Ende nur, daß die Erwachsenen bei all ihrer Aufregung wohl vergessen haben, wer es war, der mit seinem Frevelwort den Blitz zum Einschlagen lenkte.

Die dritte Geschichte führt zur Dorfschule. In der Religionsstunde erzählt die Lehrerin erst einmal anschaulich die Geschichte von der Sintflut. Doch dann zieht sie auf der Wandtafel einen senkrechten Kreidestrich. Die Kinder sollen herausbringen und aufschreiben, wie Gott ist: links vom Strich die eine Gruppe von Eigenschaften wie »gut«, »liebevoll«, »fürsorglich«, rechts die andere Gruppe, etwa »zornig«, »strafend«, »unerbittlich« – die Psychologie eines Oberkirchenrats. Schließlich darunter ein Querstrich und als Summe das Lernziel: »Gott ist gerecht.« Ein kleines Mädchen meldet sich: »Nein, Frau Lehrerin, Gott ist ungerecht.«

»Aber Marie, wie kommst du bloß darauf? Wieso soll Gott denn ungerecht sein?«

»Wegen der Fische.«

Die Lehrerin ist verwirrt, sie begreift nicht, und Marie muß nachhelfen: »Alle ersaufen – die Kuh und das Schwein und Karo, unser Hund. Und sogar die Küken. Aber die Fische? Denen ging es noch nie so gut, die können jetzt schwimmen, wo sie wollen.«

So also, im harten Zusammenprall von Abstraktheit und Anschauung, klirrt das schönste Lernziel zu Scherben. Aber vielleicht können wir dennoch etwas lernen. Wenn wir von Kindheit und Heimat erzählen, müssen wir konkret sein und bleiben; wir müssen, wie Luther dem Volk, den Kindern aufs Maul schauen. Jedes Wort ist wichtig und will gewogen sein; verdorrte Begriffe, unter denen niemand sich etwas vorstellen kann, müssen wir meiden wie die Pest. Um das gleich wieder in Beispielen anschaulich zu machen:

Im Kinderreim aus der Schwedenzeit taucht der »Ochsenstern« auf. In Wahrheit handelte es sich natürlich um den Reichskanzler Axel Graf Oxenstierna, der nach dem Tode des Königs Gustav Adolf die schwedische Kriegspolitik leitete. Doch wer weiß das schon, wer kennt diesen Herrn? Ein

»Ochsenstern« mag dagegen eine Himmelserscheinung mit schlimmer Vorbedeutung sein; da findet das Vorstellungsvermögen sofort wieder Halt – und trifft präzise den Sinn, Schreckliches anzukündigen.

Im ländlichen Hinterpommern – und selbstverständlich nicht nur dort – war man überhaupt sehr erfinderisch, wenn es darum ging, aus dem Unverständlichen ins Verstehbare zu dolmetschen. Der Kunstdünger »Superphosphat« geriet, wie das Salz ins Essen, zum »Suppen-Voß«, der wilde Bulle »Frithjof« zum drohenden »Friedhof«, und die beiden Zuchtkühe, ausgerechnet nach den Musen der Antike »Melpomene« und »Euterpe« geheißen, kehrten als »Melk-Pomene« und »Euter-Pee« in den Stall zurück, aus dem sie nie hätten ausbrechen sollen.

Anschaulich bleiben und die Magie des Konkreten beschwören, um von Kindheit und Heimat angemessen zu erzählen: Wahrlich, dies ist leicht gesagt, aber schwer getan. Nur Übung macht den Meister, das gilt hier wie überall. Doch auch Beispiele sind wichtig; ich habe schon erwähnt, wieviel ich lernte, als ich Theodor Fontane über die Schulter schaute. Darum sollten wir vielleicht den Brüdern Grimm folgen, uns bei der Frau Viehmännin hinsetzen und hören, wie sie ihre Märchen erzählt. Und dann sollten wir, ob gläubig oder nicht, wohl wieder einmal die Lutherbibel aufschlagen und lesen.

# Vom Witz des Erzählens

Zu denen, die mir auf meine Bücher hin Briefe schreiben, gehören als eine kleine, aber auffällige Gruppe die Ahnenforscher, und es gelingt ihnen stets, mich verlegen zu machen, weil ich nicht weiß, wie ich antworten soll. Der Ur-Urgroßvater, so heißt es, war einmal Pfarrer im Kreise Stolp oder Bürgermeister in Schlawe. »Können Sie das bestätigen?«

Natürlich nicht; sogar der Name ist mir neu. Aber nicht dies, nicht meine Unkenntnis bildet das Problem, sondern die Tatsache, daß ich als Autor entweder völlig mißverstanden wurde oder versagte. Habe ich wirklich der Annahme Vorschub geleistet, daß mich Geschlechterketten und Stammbäume interessieren? Ich wollte doch von meiner Heimat, von einer Landschaft und Lebensordnung berichten; wie fügt sich das eine zum anderen?

Mit Verlaub, solch ein Bürgermeister wäre mir allenfalls wichtig, wenn sich an ihm Typisches ablesen ließe, über die Art, wie man zu seiner Zeit ins Amt kam, was man darin tat und was überhaupt Obrigkeit damals bedeutete, wie man wohnte, mit wem man verkehrte und mit wem nicht, was man verdiente, ausgab, ersparte und so fort. Mein Verdacht, daß dies wiederum die Ahnenforscher kaum interessiert, wird durch den

Umstand verstärkt, daß es – des Namens wegen – meist einseitig um die männlichen Reihen geht und um Abzweigungen nur, falls man ins Vornehme vorstoßen kann, sozusagen von der Frau Bürgermeister aufwärts. Tagelöhner und Kleinbauern, fahrendes Volk oder gar Juden scheint es so wenig gegeben zu haben wie einen Sieg der Leidenschaft übers Verstandes- und Standesgemäße oder eine uneheliche Geburt.*

Mein Urteil oder Vorurteil sucht Halt bei Mephisto: »Ein großer Aufwand, schmählich! ist vertan.« Wie jede Sammlerleidenschaft, wie die Hingabe an Briefmarken, Münzen oder alte Fahrpläne könnte die Ahnenforschung zwar ein Mittler zum »Damals« sein, ein Türöffner für die Welten von gestern. Doch in dem Maße, in dem sie zum Selbstzweck aufrückt und sich vom Leben isoliert, das die Vorfahren einmal führten, wird sie unabwendbar steril, ein Kult des Toten. Sofort ist freilich hinzuzufügen, daß dieser Kult vergleichsweise harmlos bleibt; er schadet niemandem, es sei denn denen, die ihn betreiben, weil er sie um die Chance prellt, Geschichte zu erschließen.

Es handelt sich bloß um ein Beispiel. In anderen Bereichen führt eine Isolierung von den Lebenszusammenhängen zu weit ärgeren Folgen. Das gilt besonders für den Kult des Brauchtums, der Trachten, Volkstänze oder Gesänge. Wie von Hawaii bis zum Senegal überall auf der Welt mag er dem Fremdenverkehr nützlich sein – aber um Mephisto am Grabe Faustens gleich wieder zu zitieren:

> Mir ist ein großer, einziger Schatz entwendet:
> Die hohe Seele, die sie mir verpfändet,
> Die haben sie mir pfiffig weggepascht.

In der Tat, die Seele, die Wirklichkeit dessen, was Heimat einmal war, ist aus dem Vorzeigen ihres Brauchtums längst entschwunden. Vielmehr, schlimmer: Solch ein Vorzeigen entstellt sie und schreckt ab; wer für sich und für andere Heimat entdecken will, muß erst einmal die Krusten des Vorurteils aufbrechen, daß sie dieser ihr eigener Totentanz sei, der sich so herzig im Dirndl oder krachledern darbietet.

Heimat als eine Gestalt des Lebens erschließt sich nur, wo die Teile zum Ganzen gefügt werden wie die Steine zum Mosaik oder isolierte Fäden durch das hin und her eilende Weberschiffchen zum Teppich. Machen wir uns darum auf den Weg: vom Brauchtum zum Aberglauben und Glauben, zur Menschenohnmacht und Naturgewalt, dann zum Fest, wie das Brauchtum es auswies, vom Fest wieder zur Arbeit, zur Härte und Kargheit des Daseins, zu Wohlstand oder Armut, von dort zu Abgaben und Steuerlasten, zur Obrigkeit als Bedrückung oder Hilfe in der Not, zum Traum von der Freiheit und zum Alptraum der Gewalt, zur Schwedenschanze, zum Kinderreim und zum Raunen der Alten, zur Abfolge der Geschlechter, zu Leben und Tod. Und so immer weiter und weiter und wieder zurück, bis wirklich das Ganze, der Teppich mit seinem Muster erkennbar wird.

Der Einwand liegt nahe und trifft durchaus zu, daß man auf solche Weise vom Hundertsten ins Tausendste gerät und niemals ans Ende kommt. Indessen und anders gewendet besagt dies nur, daß die Heimat zwar eine kleine Welt war, aber eine Welt eben doch, ein Mikrokosmos, ein Unendliches in sich, für das das Ende Zerstörung und genau jenes Verlorensein bedeutet, das dann zur Weltreise ins Universum des Erinnerns herausfordert.

Als Vermutung drängt sich auf, daß die Einwände aus trüber Erfahrung stammen. Sobald wir nämlich einen Teilbereich isolieren und nur von ihm berichten, ermüden wir bald – und unsere Zuhörer erst recht, weil kein Bild entsteht und weder Anschauung noch Einsichten sich erschließen. Im ersten Buch Mose findet man ein – natürlich rein männliches – Geschlechtsregister von Adam bis Noah, samt genauen, obzwar staunenswerten Altersangaben, sozusagen das Ur-Exempel für Ahnenforscher. Das wirkt in der Tat langweilig; wer, außer ein paar Spezialisten, soll sich dafür interessieren? Im biblischen Beispiel geht allerdings die dramatische Geschichte von Kain und Abel voraus, und die ebenso dramatische Geschichte von der Sintflut folgt auf dem Fuße.

Wo es dagegen gelingt, das Teil zum Teil im Aufbau des Ganzen zu fügen, da wird die Neugier geweckt, und eine Spannung entsteht, weil wir erfahren, was wir so noch nicht wußten. Ein Wohlbehagen, um nicht zu sagen Glück stellt sich mit dem »Aha!«-Effekt des Klügerwerdens ein, wenn wir auf einmal begreifen, wie das üppige Essen als ein Herzstück alter Feste mit der Tatsache zusammengehört, daß im Alltag Schmalhans als der Küchenmeister regierte. Warum dann das Behagen verkürzen und zum Abschluß hasten, solange der Vorrat des Erinnerns für Verknüpfungen reicht? In seinem ›Ulysses‹ erzählt James Joyce nach dem Vorbild Homers seine große Reisegeschichte. Aber sie findet am 16. Juni 1904 in Dublin statt. Nur neunzehn Stunden mit einer Handvoll Personen in einer einzigen Stadt: Dafür sind viele hundert Seiten nötig, weil es sich um eine Weltenbeschreibung, um Welt-Literatur handelt.

Natürlich kann man den Weg in die Gegenrichtung einschlagen, zur Verkürzung hin. Aber nicht auf die Stilmittel kommt es an. Auch der Wert einer Anekdote und der Witz beim Erzählen beruhen darauf, daß sich zwischen Dingen, Menschen, Institutionen, Gewohnheiten, Erwartungen, Taten, zwischen Einzelheiten, die dem

Anschein nach weit voneinander entfernt oder völlig getrennt sind, unversehens und auf kürzestem Wege Beziehungen herstellen. So leuchten Einsichten auf, so wird das Tote lebendig. Und je überraschender sich die Beziehung knüpft, desto zündender der Witz beim Erzählen, desto komischer oder schrecklicher seine Wirkung.

Als Beispiel und zum Abschluß eine Geschichte von verlorener Heimat, von Juden aus Deutschland. Zwei von ihnen, beide Gelehrte von Rang, beide von Freunden vor den Häschern der SS und dem Weg nach Auschwitz bewahrt, treffen sich im Frühjahr 1944 in Amsterdam.

»Geduld, Herr Kaufmann«, sagt der eine, »ein paar Wochen oder Monate noch, dann sind wir gerettet. Die Invasion kommt, die Engländer und Amerikaner bilden die zweite Front, dann bricht der Hitlerspuk schnell zusammen.«

Doch der andere fährt auf: »Ich bitte Sie, Herr Kollege! Wollen Sie etwa behaupten, daß die – unseren Atlantikwall stürmen können?«

# Sechstes Kapitel:
# Heimat, Volk und Vaterland

»Die Bourgeoisie, wo sie zur Herrschaft gekommen, hat alle feudalen, patriarchalischen, idyllischen Verhältnisse zerstört. Sie hat die buntscheckigen Feudalbande, die den Menschen an seinen natürlichen Vorgesetzten knüpften, unbarmherzig zerrissen und kein anderes Band zwischen Mensch und Mensch übriggelassen, als das nackte Interesse, als die gefühllose ›bare Zahlung‹ ... Alle festen, eingerosteten Verhältnisse mit ihrem Gefolge von altehrwürdigen Vorstellungen und Anschauungen werden aufgelöst, alle neugebildeten veralten, ehe sie verknöchern können. Alles Ständische und Stehende verdampft, alles Heilige wird entweiht, und die Menschen sind endlich gezwungen, ihre Lebensstellung, ihre gegenseitigen Beziehungen mit nüchternen Augen anzusehen.«

Mit diesen Worten beschreiben Karl Marx und Friedrich Engels im ›Kommunistischen Manifest‹ die Wirkung des Kapitalismus und der industriellen Revolution; sie beschreiben den Fortschritt und exakt die Zerstörung, die das Heimweh weckt und Sehnsucht nach dem Verlorenen aufrührt.

Aber reicht dies schon aus, um die romantische Rückwendung, die Entdeckung von Heimat zu erklären? Soweit es zutrifft, daß Heimat in besonderer Weise ein deutsches Thema ist, muß es noch andere Ursachen geben. Denn der Sturm der »schöpferischen Zerstörung«* braust durch viele Länder, nicht nur und nicht zuerst durch Deutschland; das Anschauungsmaterial der Verelendung, auf dessen Grundlage die Proletarier aller Länder zur Einigung gerufen werden, weil sie nichts zu verlieren haben als ihre Ketten, dieses Material hat Engels in Manchester gesammelt, nicht in Barmen oder sonstwo im heimischen Tal der Wupper.*

Als These vorweg: Es ist die politische Frage, die Frage nach Vaterland und Nation, die auf einen deutschen Sonderweg führt. Diese Frage drängt vom Westen, von Frankreich im Gefolge der Revolution von 1789 und der napoleonischen Eroberung heran. Sie verlangt Antwort, man kann ihr nicht ausweichen, so sehr Österreich, Preußen und überhaupt die konservativen Gegenmächte unter Metternichs Führung es versuchen.

Doch wie soll die Antwort aussehen? Gibt es sie überhaupt? Die Xenien, die »Gastgeschenke« ausgerechnet unserer Nationaldichter Schiller und Goethe fallen herbe aus: »Deutschland, aber wo liegt es? Ich weiß das Land nicht zu finden. Wo das gelehrte beginnt, hört das politische auf.« Und: »Zur Nation euch zu bilden, ihr hoffet es, Deutsche, vergebens; bildet, ihr könnt es, dafür freier zu Menschen euch aus.«

Auf irgendeine Weise muß die Nation sich ein Fundament schaffen, etwas, was ihre Einheit und Abgrenzung begründet und trägt. Dafür mag vieles und durchaus Verschiedenes taugen. Die Konfession kann wichtig werden. In der Gegenwehr gegen das protestantische Preußen und das orthodoxe Rußland blieb Polen stets in seiner Kirche, in der Katholizität bewahrt, auch oder gerade in den Zeiten der Unterdrückung und Teilung. Ähnliches gilt für Irland, wo nicht einmal die Sprache überlebte, es sei denn als künstlich bewahrte Erinnerung. In den Niederlanden hat der Calvinismus prägend gewirkt, weil er sich mit dem Freiheitskampf gegen Habsburg-Spanien unlösbar verband.

Politische Ideale kündigen sich mit der »glorreichen Revolution« von 1688 in England an; sie gewinnen weit ausstrahlende Kraft mit der amerikanischen Unabhängigkeitserklärung von 1776 und mit der französischen Proklamation der Menschen- und Bürgerrechte von 1789. Hier wie dort wird das Nationalbewußtsein so paradox wie folgerichtig vom menschlich Allgemeinen bestimmt, vom Entwurf einer guten und gerechten Ordnung, die man in einem dramatischen Akt in die Welt gebracht hat und die man seither, gewissermaßen als ihr Welt-Statthalter, in der eigenen Nation verkörpert sieht.*

In Deutschland gibt es nichts von alledem. Die Konfession eint nicht, sondern sie trennt; wenn sie politisch ins Spiel gebracht wird, wie im »Kulturkampf« nach 1871, dann entstehen sofort Konflikte und die Ausgrenzungen angeblicher »Reichsfeinde«. Die bürgerliche Bewegung, die Einheit auf Freiheit gründen will, scheitert 1848; der Nationalstaat ist schließlich das Werk einer hergebrachten Obrigkeit im Glanz ihrer siegreichen Waffen. Es fehlt auch die zentralisierende Wirkung einer unumstrittenen Hauptstadt. Berlin kommt zu spät; noch die Nationalversammlung von 1848 tagt in der alten Kaiserstadt Frankfurt, und Wien wird erst mit der Entscheidung von 1866 abgedrängt.

Die Macht des Nationalismus, wie er vom Westen her unaufhaltsam und revolutionär anbrandet*, und die Sehnsucht nach Einheit konfrontieren daher die Deutschen mit einer abgründigen Verlegenheit, mit der immerwährenden, nie wirklich gelösten Frage nach der eigenen Identität.* Früh schon hat Heinrich Heine den Sachverhalt sarkastisch geschildert:

»Sonderbar! trotz ihrer Unwissenheit hatten die sogenannten Altdeutschen von der deutschen Gelahrtheit einen gewissen Pedantismus geborgt, der ebenso widerwärtig wie lächerlich war. Mit welchem kleinseligen Silbenstechen und Auspünkteln diskutierten sie über die Kennzeichen deutscher Nationalität! Wo fängt der Germane an, wo hört er auf? Darf ein Deutscher Tabak rauchen? Nein, behauptete die Mehrheit. Darf ein Deutscher Handschuhe tragen? Ja, jedoch von Büffelhaut. Aber Biertrinken darf ein Deutscher, und er soll es als echter Sohn Germanias; denn Tacitus spricht ganz gewiß von deutscher Cerevisia. Im Bierkeller zu Göttingen mußte ich einst bewundern, mit welcher Gründlichkeit meine altdeutschen Freunde die Proskriptionslisten anfertigten, für den Tag, wo sie zur Herrschaft gelangen würden. Wer nur im siebenten Glied von einem Franzosen, Juden oder Slawen abstammte, ward zum Exil verurteilt. Wer nur im mindesten etwas gegen Jahn« – den Turnvater – »oder überhaupt gegen altdeutsche Lächerlichkeiten geschrieben hatte, konnte sich auf den Tod gefaßt machen, und zwar auf den Tod durchs Beil, nicht durch die Guillotine, obgleich diese ursprünglich eine deutsche Erfindung und schon im Mittelalter bekannt war, unter dem Namen ›die welsche Falle‹.«*

So komisch das klingt: Unser Lachen gefriert, wenn wir uns an das erinnern, was ein Jahrhundert später in Deutschland geschah. Aber der sonderbare Pedantismus, das Groteske und sogar oder erst recht das Schreckliche sind wohl nur Ausdruck der Tatsache, daß die Unsicherheit durch forsches Auftreten, durchs Imponiergehabe überspielt und durch die Verfemung, die Verfolgung, die Vernichtung des angeblich Undeutschen getilgt werden soll.

Was praktisch blieb, war zunächst der Machtstaat, der die Sehnsucht nach Einheit ans Ziel brachte und daher nach 1871 eine nachhaltige Aufwertung erfuhr. Wenn in Frankreich alljährlich der Fall der Zwingherrschaft, im Bastillessturm symbolisiert, als Nationalfeiertag begangen wird, dann ist es bezeichnend, daß in Deutschland der militärische Triumph über den »Erbfeind« in diese Funktion aufrückt – und zwar so, wie Sebastian Haffner das geschildert hat:

»Der Sedantag war ein rundes halbes Jahrhundert lang *der* deutsche Nationalfeiertag, mit Paraden, Beflaggung, Schulfeiern, patriotischen Reden und allgemeinen Hochgefühlen. Und zwar war es, muß man wahrheitsgemäß und mit einiger Beschämung sagen, der einzig wirklich effektive Nationalfeiertag, den die Deutschen je gehabt haben ... Das war eine Stimmung – ich finde für die heutige Zeit keinen anderen Vergleich –, als ob die deutsche Nationalmannschaft die Fußballweltmeisterschaft gewonnen hätte, und zwar jedes Jahr aufs neue. – Alle Jahre wieder wurde die große Schlacht im Geiste noch einmal siegreich durchgekämpft ... Von den Hochgefühlen patriotischen Selbstgenusses, mit denen das gefeiert wurde, macht man sich heute kaum noch eine Vorstellung.«*

Der Triumph des Machtstaates enthält freilich zwei Gefahren. Die eine ist, daß er sich unter Umständen in einen Triumph über das Recht verkehrt – dann zumal, wenn am Ausgang des Krieges nicht ein Sieg, sondern die Niederlage steht, die man sich nicht eingestehen will und die darum zum »Dolchstoß« umgedeutet wird, zum Werk der »Novemberverbrecher«, die man ihrer Strafe zuführen muß. Im Rückblick auf unser 20. Jahrhundert nimmt sich unheimlich aus, was 1871 der fast schon vergessene Freiheitskämpfer von 1848, Georg Herwegh, in seinem ›Epilog auf den Krieg‹ reimte:

Schwarz, weiß und rot: Um ein Panier
Vereinigt stehen Süd und Norden;
Du bist im ruhmgekrönten Morden
Das erste Land der Welt geworden:
Germania, mir graut vor dir!

Mir graut vor dir, ich glaube fast,
Daß du, in argen Wahn versunken,
Mit falscher Größe suchst zu prunken,
Und daß du, gottesgnadentrunken,
Das Menschenrecht vergessen hast.

Die zweite Gefahr kommt von außen, aus dem »Alptraum der Koalitionen«, der schon Bismarck um den Schlaf brachte. Das seltsam ziellose, um so mehr aber martialische Imponiergehabe eines jungen Reiches in der Mitte Europas, all die Reden von der Weltmacht, die man erst noch werden will*, vom Platz an der Sonne, den man einfordern muß, wecken den Argwohn der anderen

Mächte und drängen sie zur Abwehr zusammen. Dabei entsteht zwischen der inneren und der äußeren Gefahr eine fatale Wechselwirkung: Je größer die Angst vor der »Einkreisung«, desto stärker die Versuchung, einseitig auf die Macht, auf eine Mobilmachung zum Kampf um alles oder nichts zu setzen – und desto heftiger wiederum die Gegenreaktionen. Eben darin liegt beschlossen, was die Deutschen in zwei Weltkriege und ins Verhängnis trieb.

Natürlich weiß man, daß die Macht an sich inhaltsleer bleibt und daß das Vakuum irgendwie gefüllt werden muß. Dafür bietet sich verschiedenes an, etwa die Kultur, der Stolz darauf, ein – oder vielmehr: *das* Volk der Dichter und Denker zu sein. Allerdings ergibt sich die Schwierigkeit, daß große Leistungen der Wissenschaft und der Kunst sich als sperrig erweisen, wenn sie national beschlagnahmt werden sollen; nüchtern betrachtet passen sie nicht zum Patriotismus, sondern sie sprengen ihn. Und das gilt gerade in Deutschland, wie Heinrich Heine mit Recht betont hat:

»Der Patriotismus des Deutschen besteht darin, daß sein Herz enger wird, daß es sich zusammenzieht wie Leder in der Kälte, daß er das Fremdländische haßt, daß er nicht mehr Weltbürger, nicht mehr Europäer, sondern nur ein enger Deutscher sein will. Da sahen wir nun das idealische Flegeltum, das Herr Jahn in System gebracht; es begann die schäbige, plumpe, ungewaschene Opposition gegen eine Gesinnung, die eben das Herrlichste und Heiligste ist, das Deutschland hervorgebracht hat, nämlich gegen jene Humanität, gegen jene allgemeine Menschenverbrüderung, gegen jenen Kosmopolitismus, dem unsere großen Geister, Lessing, Herder, Schiller, Goethe, Jean Paul, dem alle Gebildeten in Deutschland immer gehuldigt haben.«*

Die Folge in der neueren Entwicklung war zwar eine Selbstverherrlichung als Kulturnation, aber gleichzeitig – und eben damit – ein Hinaufheben der großen Geister ins feiertäglich Unverbindliche, das sie politisch stumm machte. Und wer, wie Heine, die Dinge dann doch noch beim Namen nannte, der galt schwerlich als Patriot, auch nicht als Weltbürger; er wurde als »wurzelloser Intellektueller« seinem Exil überantwortet.

Einen weit besseren Rückhalt scheint die Sprache zu bieten:

Was ist des Deutschen Vaterland?
So nenne mir das große Land!
So weit die deutsche Zunge klingt
und Gott im Himmel Lieder singt,
das soll es sein!
Das, wackrer Deutscher, nenne dein!

So dichtet Ernst Moritz Arndt. Und gewiß ist für viele – nicht alle – Nationen die Sprache als das Mittel zur Einheit wichtig. Aber sie sagt nichts über politische Inhalte; kein Programm einer guten und gerechten Ordnung läßt sich aus ihr ableiten. Wird sie dennoch zum Maßstab erklärt, so liegt das Unheil schon auf der Lauer. Als es 1870/71 unter Berufung auf die sprachliche Stammeszugehörigkeit um die Angliederung des Elsaß und Lothringens an das neudeutsche Reich ging, hat der Franzose Ernest Renan seinen deutschen Briefpartner David Friedrich Strauß eindringlich, um nicht zu sagen prophetisch gewarnt:

»Ihr habt an Stelle der liberalen Politik das Banner archäologischer und ethnographischer Politik entfaltet; diese Politik wird euch zum Verhängnis werden. Die vergleichende Philosophie, die ihr geschaffen und zu Unrecht auf das Feld der Politik übertragen habt, wird euch übel mitspielen. Die Slawen werden sich dafür begeistern; ... wie könnt ihr glauben, die Slawen würden euch nicht zufügen, was ihr andern antut? ... Wenn eines Tages die Slawen Anspruch auf das eigentliche Preußen, auf Pommern, Schlesien und Berlin erheben werden, und zwar deswegen, weil alle diese Namen slawischen Ursprungs sind, wenn sie an Elbe und Oder das tun, was ihr an der Mosel getan habt, wenn sie auf der Karte den Finger auf die wendischen und obotritischen Dörfer legen, was werdet ihr dann zu sagen haben?«*

Nach oder neben der Kultur und der Sprache bietet sich im Grunde nur noch die Tautologie an, nach der ehernen Regel, daß als deutsch gilt, was deutsch ist.

> Deutsche Frauen, deutsche Treue,
> deutscher Wein und deutscher Sang
> sollen in der Welt behalten
> ihren alten schönen Klang,
> uns zu edler Tat begeistern
> unser ganzes Leben lang –
> deutsche Frauen, deutsche Treue,
> deutscher Wein und deutscher Sang!

Das steht in Hoffmann von Fallerslebens ›Nationallied der Deutschen‹, das setzt sich in unendlichen Variationen fort und fort, jeweils mit dem Gütestempel »Made in Germany«: auf Jünglingen, Helden und Heldenmüttern, auf Fleiß und Pflichterfüllung, auf Gebirgen und Strömen, auf Zeppelinen, Unterseebooten, Werkzeugmaschinen, Stahlblech, auf Schäferhunden, Dobermännern und Dackeln, auf Herz und Seele, auf Eichen und Eichenlaub.

Damit der tautologische Leerlauf nicht allzusehr auffällt, wird er durchs ehrwürdig Alte beglaubigt, wie im Raunen der altdeutschen Wälder, aus denen man, unter gleicher Benennung, modernes Mobiliar für Herren- und Schlafzimmer fertigt. Die Begeisterung fürs Mittelalter, für Dome, Kaiserpfalzen und Staufer, die Rekonstruktion unserer Stammbäume bis zu Karl dem Großen oder noch weiter hinaus bis in den germanischen Wurzelgrund – diese Wendung nach rückwärts soll die Unsicherheit bannen, die so schwer auf der Gegenwart lastet. Fast schon klassisch, jedenfalls im Sinne einer Selbstparodie, ist der Text zu nennen, den nicht etwa ein primitiver Propagandist, sondern ein Gelehrter von Rang – Hans Freyer – verfaßt hat:

»In den Gesichtern der Großväter erkennen wir das eigene Gesicht. Sind hundert Generationen so viel mehr als drei? Vor dem ewigen Willen des Blutes ist der Unterschied klein. Der Bauer hinter dem gegenwärtigen Pflug, der Soldat unter dem modernen Stahlhelm ist Holz vom Stamme der Ostfahrer, der Völkerwanderer und des Teutoburger Waldes... Groß sind nur die Zeiten, deren Sinnen und Trachten an das zeitlose Wesen angeschlossen sind. In ihnen erwacht, abseits aller Forschung, ein Wissen um die Macht der Wurzeln. Doch vor allem die Wurzeln selbst erwachen zu einem neuen Frühling. Sie geben wieder unmittelbare Geschichte aus sich her. Das unbekannte Volk steht auf und sagt ein politisches Ja. Aus den alten Säften wächst, noch einmal, eine Epoche, die Sinn hat. Ihre Irrtümer wiegen leicht. Ihr Umsturz ist, so hart er zugreift, ohne Willkür. Zukunft liegt über dem Heute, weil er eine Wandlung des Ewigen ist. Die Menschen glauben, schreiten aus, blicken vorwärts, und zwischen ihnen reitet, ungesehen, der Reiter aus Bamberg.«*

## Vom Gebrauch und vom Mißbrauch der Heimat

Deutschlands Reichtum ist die Vielfalt: In diesem Satz ließen sich die vorangegangenen Überlegungen zusammenfassen – sofern man sie ins Positive wendet. Und einmal mehr ließe sich das unbestechliche Zeugnis der Literatur beibringen. In den großen Erzählungen von Balzac, Tolstoi und Dickens können die Franzosen, Russen und Engländer sich wiedererkennen; in Deutschland aber werden die Leser zu Entdeckungsreisen ins Unbekannte eingeladen. Denn Thomas Manns lübischer Senator, Theodor Fontanes märkische Aristokraten und Ludwig Thomas oberbayerische Bauern sind einander – wie natürlich den Lesern – unbekannte Wesen, um nicht zu sagen Exoten. Von Theodor Storm, Wilhelm Raabe, Fritz Reuter und Johann Peter Hebel über Hermann Sudermann in ›Frau Sorge‹ und den ›Litauischen Geschichten‹ bis zu Alfred Döblin in ›Berlin

Alexanderplatz‹ könnte man viele Namen anfügen, um zu belegen, wie deutsche Erzähler gerade in ihren besten Werken uns ins Besondere, ins lokale oder regionale Milieu führen. Das gilt bis zur Gegenwart: Was wäre Heinrich Böll – sei es im Widerspruch – ohne sein katholisches Köln, Günter Grass ohne Danzig, Uwe Johnson ohne Güstrow und die mecklenburgische Seenlandschaft? Jeder Versuch, das Allgemein-Deutsche zu schildern, gerät dagegen schnell ins Blasse und Blutleere oder ins heroisch hohle Getöse, in den patriotischen Kitsch.

Sogar auf Nebenschauplätzen werden die nationalen Kontraste sichtbar. Keine klassische Figur des Kriminalromans ist in Deutschland zu Hause. Sie kann es nicht sein, weil hier die allgemeine Vertrautheit mit Rollen fehlt, an denen das Verwirrspiel ansetzen muß. Was den französischen Kleinbürger oder einen amerikanischen Sheriff ausmacht, glaubt jeder zu wissen. Erst recht ist ein englischer Lord ein Lord wie der Butler ein Butler – und um so größer dann das Vergnügen, wenn wir es mit einem Mann zu tun bekommen, der sich zielsicher durch die Verwandtschaft mordet, weil ›Adel verpflichtet‹. Aber was nur soll man mit einem Modemacher aus Düsseldorf oder dem Göttinger Professor anfangen? Wenn doch einmal eine kriminalistische Erfolgsfigur entsteht, wird sie folgerichtig nicht im heimischen Bergisch Gladbach, sondern in Manhattan angesiedelt.

Daß wir vom deutschen Reichtum der Vielfalt immerhin manches, mitunter sogar Genaues wissen, das verdanken wir den Reiseführern ins Unbekannte, also denen, die von Landschaften und Lebensverhältnissen, von den regionalen und sozialen Milieuprägungen erzählt haben. Dabei beschreibt der Begriff des Milieus nur von außen, als das Fremde, was wir von innen her als die Heimat erleben.

Man könnte auch sagen, daß wir unserer nachromantischen Literatur die Entdeckung von Heimat auf einer zweiten Stufe verdanken. Die erste, die romantische Entdeckung der verlorenen Heimat bringt uns auf den Weg, sie weckt unsere Empfindsamkeit, aber sie bleibt noch im Allgemeinen. Wie Jehova sein Volk auf der Wanderschaft durch die Wüste das angelobte Land nur von weitem sehen läßt, so die Romantik das, was Heimat sein soll. Erst auf der zweiten Stufe gelangen wir ans Ziel; wir lernen Heimat verstehen, wie sie wirklich ist: konkret in der Vielfalt ihrer Formen.

Es bleibt freilich nicht aus, daß die Entdeckung des deutschen Reichtums politisch beschlagnahmt wird, um als gültig zu erweisen, was in ihr gerade nicht angelegt ist: die nationale Einheit. Lieber noch spricht man von Volk und Vaterland, weil »Nation« schon fremd klingt und in seiner modernen Bedeutung auf 1789, auf Frankreich verweist. Heimat, Volk und Vaterland:

Mehr und mehr werden die Begriffe ineinander gemischt, als sei Volk das, was die Heimat bevölkert, als gewinne der Patriotismus seine Macht aus der Liebe zur Heimat, als vollende sich die Heimat im Vaterland, als werde sie in ihm bewahrt und verteidigt.

Das ist ein garstiges Lied mit vielen Strophen. Ein frühes Beispiel liefert – 1840 – Nikolaus Bekker mit seinem Gesang vom Rhein, der mit den Zeilen beginnt:

> Sie sollen ihn nicht haben,
> den freien deutschen Rhein,
> ob sie wie gier'ge Raben
> sich heiser danach schrein...

Alle Versatzstücke von »Heimat« werden zur Kulisse aufgebaut: der Wein, die Felsen und Dome, kühne Knaben, die um schlanke Dirnen frein. Dieser patriotische Heimatgesang löst ein gewaltiges Echo aus; Ernst Moritz Arndt eilt jubelnd herbei, und Max Schneckenburger folgt auf dem Fuße mit seiner ›Wacht am Rhein‹. Darin wird sehr zutreffend gesagt, was sich abspielt:

> Es braust ein Ruf wie Donnerhall,
> wie Schwertgeklirr und Wogenprall:
> Zum Rhein, zum Rhein, zum
> deutschen Rhein...

Aber noch ist die liberale Bewegung stark. Viele Kritiker weisen darauf hin, daß man von Freiheit nicht schwärmen soll, wenn ringsum Unterdrükkung und Zensur herrschen, und daß Heimatliebe und Fremdenhaß einen Mißklang ergeben.* Ludwig Seeger bringt das ironisch zum Ausdruck, wenn er in seinem Gegengedicht sagt:

O Becker, sanftes Mädchen,
was hast du angericht'!
Du spannst aus seidnen Fädchen
ein zartes Kriegsgedicht.

Nach 1871, als das Bürgertum seinen Frieden mit dem Obrigkeitsstaat schließt, ändern sich die Verhältnisse. Jetzt beginnt die große Zeit der Heimatbewegungen, der Heimatvereine und Heimatmuseen, der Heimatkunst und der Heimatkunde in den Schulen. Und so verdienstvoll es sein mag, daß damit vieles bewahrt wird, was sonst dem Vergessen anheimgefallen wäre, so fatal wirkt sich die politische Stoßrichtung aus. Wie schon im Beckerschen Rheinlied wird »Freiheit« ins Unpolitisch-Stimmungsvolle der Heimatgefühle umgedeutet. Eben damit werden jedoch die Aggressionen geweckt, gleich doppelt: wider den »Erbfeind«, der von außen die deutsche Idylle bedroht, und gegen den neuen Feind im Inneren, gegen die Arbeiterbewegung, die Demokratie fordert, statt sich in die machtgeschützte Innerlichkeit von Vaterland und Heimat zu fügen.

Der Vorwurf gegenüber der proletarischen Bewegung, vaterlandslos zu sein, früh schon erhoben*, wirkt gerade darum so giftig, weil er die nüchterne Auseinandersetzung um politische Interessen im Gefühlsbrei erstickt, den man aus der Liebe zur Heimat aufkocht. Die Bitterkeit ist verständlich, mit der Johann Jacoby in seiner Schrift ›Das Ziel der Arbeiterbewegung‹ 1870 sagt: »Euer Vaterland ist für uns nur eine Stätte des Elends, ein Gefängnis, ein Jagdgrund, auf dem wir das gehetzte Wild sind und mancher von uns nicht einmal einen Ort hat, wo er sein Haupt hinlegen kann. Ihr nennt uns, scheltend, ›vaterlandslos‹, und Ihr selbst habt uns vaterlandslos gemacht!«*

Übrigens wäre darauf hinzuweisen, daß dem deutschen Reichtum der Vielfalt mit der industriellen Entwicklung noch einmal eine Frucht zuwächst. Die Arbeiterbewegung ist viel mehr als bloß Partei und Gewerkschaft; sie entstammt einem Milieu, und sie schafft ein Milieu – keineswegs nur, aber beispielhaft im Ruhrgebiet –; es entsteht eine Lebensform samt Vereinswesen, Liedgut und eigener Sprache. Darum trifft zu, was der Arbeiterschriftsteller Ernst Preczang um 1888 schrieb: »Die rein politische oder wirtschaftliche Wertung der Arbeiterbewegung reicht nicht aus, um ihre Bedeutung zu erklären.

Für Zehntausende ist sie auch eine neue seelische Heimat geworden.«* Wider Willen, aber wesentlich hat die politische Verfolgung, die Abdrängung der Sozialdemokratie in eine Art von Getto hierzu beigetragen.

Das garstige Lied mit immer neuen Strophen: Nach dem Ersten Weltkrieg haben alle die Gruppen und Bewegungen, die von rechts her Volk und Vaterland zu ihrem Monopolbesitz erklärten, die Heimatgefühle gegen die Republik, gegen ihre angebliche »Verjudung«, gegen »Entartung«, »Zersetzung« und »Asphaltliteratur« mobilisiert. Immer enger wurde Heimat aufs ländliche Leben, aufs Bauerntum bezogen, wie dieses aufs Volk; in ihrer Phrase von »Blut und Boden« bündelten die Nationalsozialisten nur noch, was im vielstimmigen Reden und Raunen längst schon ausgebreitet war.*

Schließlich im Krieg wurde Heimat erst recht beschworen, je näher der Katastrophe, desto dringender: Front und Heimat, Heimaturlaub, Grüße der Heimat, Heimatverteidigung, »Heimat, deine Sterne« als populärer Schlager, gleich nach Abschied und Heimweh der »Lili Marleen«. Ganz am Ende dann am Strick schwankend die Gehenkten, mit dem Schild vor der Brust: »Ich war zu feige, für die Heimat zu kämpfen.«

»Das Vaterland ist der Albdruck der Heimat«, schrieb Kurt Tucholsky 1927 in der ›Weltbühne‹. Das ist und das bleibt wahr, das sagt unsere teuer erkaufte Erfahrung, darauf kann man gar nicht standfest genug beharren, um das deutsche Verhängnis endlich zu bannen. Mit dem Reichtum der Vielfalt läßt sich der Mangel an Einheit niemals beheben. Wer es dennoch versucht, zerstört diesen Reichtum. Heimat als das Konkrete wird unkenntlich hinter Klischees, sie verschwindet – nein, schlimmer: sie zersetzt sich und entartet im politischen Mißbrauch; was bleibt, ist das Dumme und Dumpfe, der Haß, ist das Ersticken jeder Freiheit und Weltoffenheit im Verfolgungswahn. Aber auch die Politik wird zerstört, auch sie gerät in den Haß und den Wahn, wo Gefühle sie überfrachten, die man aus der Heimatliebe gestohlen hat. Am Ende steht nicht zufällig, sondern folgerichtig der Verlust der Heimat ebenso wie der Verlust der Einheit.

Davor muß man sich fürchten, das darf sich nie wiederholen. Das begründet, was Margarete Hannsmann gesagt hat:

»Heimat. Es gibt kein Wort, das mich zerreißt wie dieses. Seit ich erwachsen bin, überschattet ein Mißtrauen, das sich zuweilen zu schierer Angst steigert, den reinsten Glückszustand, der mir beschieden sein kann.«*

## Siebentes Kapitel:
## Vom Recht und vom Unrecht auf Heimat

# Das Recht der Enkel, ihre eigene Heimat zu finden

»Gerechtigkeit erhöhet ein Volk, aber die Sünde ist der Leute Verderben.«

So steht es in der Bibel, schon im Alten Testament, und so gilt es noch heute. Was freilich die Gerechtigkeit ausmacht und wo die Sünde beginnt, das kann zwischen den Menschen und erst recht zwischen Völkern höchst umstritten sein. Gibt es ein Recht, gar ein unveräußerliches Menschenrecht auf Heimat? Und wenn es das gibt: Welche Folgerungen sind daraus zu ziehen? Dies zum Beispiel sind Fragen, die eher zum Streit als zur Einigkeit führen. Aber man darf sie nicht auf sich beruhen lassen, weil von den Antworten abhängt, ob wir mit uns und mit unseren Nachbarn im Osten, mit Polen und Tschechen, zur Versöhnung und zum Frieden finden.

Heimat ist ein Erfahrungsraum der Vertrautheit, der in der Kindheit entsteht. Darum ist sie nichts Nebensächliches. Zu den gesicherten Erkenntnissen der Forschung und Erfahrung gehört, daß schon Kleinkinder auf die Herstellung eines »Urvertrauens« angewiesen sind, wenn sie ihren Weg ins Leben ohne Schäden finden sollen, die unter Umständen nie mehr geheilt werden können. Bedingung dieses Urvertrauens ist die liebevolle und stetig-zuverlässige Zuwendung der

Mutter oder einer anderen »Bezugsperson«. So gesehen bezeichnet Heimat im Grunde nichts anderes, als die allmähliche Ausweitung des Urvertrauens über die eine Person hinaus auf das Lebensgefüge, das dem Kinde mit seinen Bewegungs- und Sinnesmöglichkeiten Schritt um Schritt zuwächst. Und was einmal angelegt wurde, das bleibt, das trägt den Menschen durch sein Leben hindurch bis ins Alter.

Negativ ausgedrückt: »Hospitalismus« meint die Entwicklungsschäden, die bei noch so einwandfreier Betreuung entstehen, wenn das Personal der Klinik oder des Heims ständig wechselt. Der Gedanke liegt zumindest nahe, daß es auch Entwicklungsschäden aus Heimatmangel gibt, weil zum modernen Dasein ein unaufhörlicher »Kulissenwechsel« gehört, der es schwer, wenn nicht aussichtslos macht, die Vertrautheit überhaupt herzustellen. Hängt nicht das Fahrige, Zappelige, Unstetige vieler Kinder und Jugendlicher, ihre geringe Belastbarkeit, ihr Hin und Her zwischen Überbegeisterung und Verzagen, zwischen Angst und Aggression hiermit zusammen? Hat womöglich auch die moderne Angst vor dem Alter hiermit zu tun, die Unfähigkeit, ihm gelassen entgegenzugehen und seine eigene Würde zu begründen?

Sieht man es so, dann scheint kein Zweifel erlaubt, dann gilt ganz elementar: Heimat ist für den Menschen wichtig. Und darum gibt es ein

Menschenrecht auf Heimat, ob nun Gesetzestexte, Verfassungen, das Völkerrecht, die Vereinten Nationen von ihm sprechen oder nicht. Und es ist ein Unrecht, das durch keinen Umstand zum Recht werden kann, wenn man Menschen aus ihrer Heimat vertreibt oder Bedingungen schafft, die sie zur Flucht zwingen. Früher einmal, in zivilisierten Zeiten, mochte kaum kostbar scheinen, was sich von selbst verstand*; in einer Epoche der Barbarei jedoch, für die Exilierungen zur Tagesordnung, vielmehr zu den Gewohnheitsverbrechen zählen, gewinnt das Recht auf Heimat buchstäblich lebenswichtige Bedeutung.

Dies besagt, wiederum ohne Zweifel, daß der Beschluß der Siegermächte von 1945, Millionen von Deutschen aus ihren angestammten Lebensräumen »auszusiedeln«, bitteres Unrecht war. Und es wirkte wie ein zusätzlicher Hohn, wenn es im Potsdamer Abkommen hieß, daß diese Aussiedlung »in geregelter und humaner Form« durchgeführt werden sollte. Von den tatsächlich finsteren Umständen einmal abgesehen*: Kein Unrecht wird durch seine »humane« Ausführung zum Recht. Ebensowenig erlauben Recht und Unrecht die Aufrechnungskünste: Wie man nicht »Dresden« gegen »Auschwitz« oder »Pearl Harbor« gegen »Hiroshima« stellen darf, so nicht deutsche Untaten gegen das Unrecht der Vertreibung.

Zur Gerechtigkeit gehört allerdings auch, daß

früher oder später das Unrecht verjährt. Nichts soll vergessen, aber alles muß einmal vergeben werden. Denn mit dem Ablauf der Zeit gewinnt die Wiederherstellung des Friedens Vorrang vor der Sühne. Das gilt zwischen den Völkern erst recht; wäre es anders, so müßte unsere Welt, müßte nicht zuletzt Europa unabsehbar ein Brutplatz der Angst und der Rache bleiben; wie in der Epoche der Weltkriege müßte es sich früher oder später in ein Schlachthaus verwandeln. Der Erzbischof von Wien, Kardinal Franz König, hat dies einmal so ausgedrückt:

»Wer in Europa heute von der Wiederherstellung alter Rechte spricht, spricht von der Vergangenheit und nicht von der Zukunft. Wer kann übrigens in diesem Europa von gerechten Ansprüchen reden? Seit mehr als 1000 Jahren wurden hier Kriege zur Wiederherstellung angeblicher Gerechtigkeit geführt, und jeder Krieg endete mit neuem Unrecht. Wer den Frieden will, muß die innere Kraft der Überwindung haben, muß die Kraft haben, auch Unrecht und Ungerechtigkeit in Kauf zu nehmen. Mit der Durchsetzung des eigenen Rechtes – mag es noch so wohlbegründet sein – ist nichts getan, wird höchstens wieder neues Unrecht geschaffen.«*

Nicht nur nebenher sei angemerkt: Kein anderes Volk dürfte auf den Vorrang des Friedens vor der Sühne, auf den Grundsatz der Vergebung im Ablauf der Zeit dringender angewiesen sein als das deutsche.

Das Ende des Zweiten Weltkriegs liegt nun bald schon ein halbes Jahrhundert zurück, und die meisten der Menschen, die persönlich erlebt haben, was Flucht und Vertreibung bedeuten, sind alt oder bereits gestorben. Aber wie sieht es für den Nachwachsenden aus, was sagt für sie das Recht auf die Heimat, die im Osten liegt? Das ist unsere Schicksalsfrage, darüber geraten wir in Unfrieden mit uns selbst und mit unseren Nachbarn; es geht kaum noch um das Vergangene, es geht um die Gegenwart und die Zukunft.

In der Gesetzgebung der Bundesrepublik Deutschland ist einmal festgelegt worden, wer als Vertriebener zu gelten hat. Es handelt sich nicht bloß um diejenigen, die im Jahre 1945 oder danach tatsächlich ihre Heimat verlassen und in der Fremde Zuflucht suchen mußten, in der sie kaum willkommen waren, sondern auch um deren Kinder und Enkel. Das gilt selbst dann, wenn die Nachkommen aus »Mischehen« zwischen Vertriebenen und Einheimischen stammen; wenn nur ein Großvater Vertriebener war, ist es noch der Enkel. Da die Mischungen inzwischen alltäglich sind, vermehren sich die Vertriebenen auf wundersame Weise.

Aber nicht darin liegt das Problem. So absonderlich sich der Sachverhalt auf den ersten Blick ausnehmen mag, das Gesetz hatte seinen praktischen Sinn im Rahmen des Lastenausgleichs, der die Vertriebenen wenigstens für einen Teil ihrer Verluste zu entschädigen versprach. Da nämlich die Abwicklung dieses Anspruchs sich über Jahrzehnte hinzog*, sollten die Ansprüche aus dem Verlorenen sich ebenso vererben, wie Ansprüche aus erhaltenem Besitz es tun. Das war offensichtlich gerecht, weil sonst den Vertriebenen neue und schwerwiegende Nachteile erwachsen wären.

Doch wie es uns mit Rechtstiteln oft ergeht – und wie ein berühmter Jurist gesagt hat:

> Vernunft wird Unsinn, Wohltat Plage;
> Weh dir, daß du ein Enkel bist!
> Vom Rechte, das mit uns geboren ist,
> Von dem ist, leider! nie die Frage.

Das Recht auf Heimat ist dem Vertriebenenstatus gleichgeschaltet worden, und so, wie manche damit hantieren, die für sich in Anspruch nehmen, im Namen der Vertriebenen zu sprechen, soll es sich ebenfalls auf die Kinder und Kindeskinder vererben. Doch darin liegt etwas finster Bedrohliches – und zwar vorab noch nicht einmal gegenüber Dritten, den Tschechen und Polen, sondern gerade gegenüber den eigenen Kindern und Enkeln. Heimat wird ihnen nicht bewahrt und gesichert, sondern ins Abstrakte aufgelöst und damit zerstört.

Man versuche, sich am Beispiel handfest vorzustellen, was der Erbanspruch auf Heimat bedeutet: Mein Neffe wurde in Mexiko geboren und wuchs dort auf. Heute lebt er mit seiner Frau – einer Japanerin – und mit seinen Kindern in den Vereinigten Staaten. Soll er seinen Kindern nun einreden, daß sie gar nicht dort zu Hause seien, wo sie zu Hause sind? Soll er ihnen sagen, daß sie ihre wirkliche Heimat an einem fernen pommerschen Ort finden müssen, den sie nie zu Gesicht bekamen, den er selbst nur einmal bei einem kurzen Besuch gesehen hat, so daß seine Kenntnisse durchweg aus zweiter Hand stammen, aus den Erzählungen seiner Mutter oder des Onkels? Aber selbst wenn er nicht in Amerika leben würde, sondern in Deutschland, und wenn er nicht mit einer Japanerin verheiratet wäre, sondern mit einer Frau, deren Eltern einst in Ostpreußen, Pommern oder Schlesien lebten: Welchen Unterschied würde dies ergeben?

Heimat – darauf laufen alle Überlegungen dieses Buches hinaus – ist konkret oder gar nicht. Darum wächst sie als Vertrautheit dem Kinde zu, darum erschließt sie sich dem Erwachsenen und dem Alternden als der unverlierbare Erinnerungsraum dieser Vertrautheit. Sie ins Abstrakte wenden und an einen Ort verlegen, mit dem die reale Kindheit nichts zu tun hat, heißt aus ihr ein Zerrbild machen und sie zur politischen Parole herabwürdigen, heißt das Recht auf Heimat ins Unrecht verkehren. Im Grunde handelt es sich, nur mit anderen Mitteln, um eine Fortsetzung jenes vaterländischen Mißbrauchs, von dem die Erfahrung unserer Geschichte sagt, daß er Heimat und Vaterland gleichermaßen ruiniert hat.

In ihrem großen Gedicht ›Heimat‹* sagt Marie Luise Kaschnitz:

> Auf die Heimat, an die ich denke,
> können keine Grundbriefe ausgestellt werden, keine Übereignungen, keine Erbscheine.
> Rache wird nicht geschworen für diese unsere Heimat.
> Denn sie kann nicht erobert werden,
> Niemals wird sie uns völlig verloren gehen.
> Wer von seiner Heimat redet, erweckt viele Erinnerung.
> Alle, die ihm zuhören, sehen die eigenen Bilder,
> Seine Sehnsucht ist der Stab, der den Quell aus den Felsherzen schlägt,
> Sein Heimweh bahnt den Weg durch das Meer des Vergessens.

Politische Erwägungen mögen noch hinzutreten und seien hier wenigstens angedeutet. Wenn man die deutsche Frage offenhalten will, wenn eine Wiederannäherung der Bundesrepublik Deutschland und der DDR nicht ausgeschlossen sein und die Einheit schließlich sogar wiederhergestellt werden soll, dann ist dies einzig im Rahmen einer europäischen Regelung und im Einverständnis mit den Nachbarvölkern, auf keinen Fall jedoch gegen ihren Widerstand vorstellbar. Eben dies setzt die Sicherheit aller Grenzen voraus. Wer behauptet, daß das Recht auf Heimat sich fort und fort vererbe und daß daher die Anerkennung der Oder-Neiße-Grenze allenfalls für das Provisorium Bundesrepublik, nicht aber für einen künftigen Nationalstaat gelten könne, der weckt nicht nur die Furcht und den Widerstand der Polen, sondern mit bösen Erinnerungen auch die Abwehr anderer Völker – und zwar in Ost und West gleichermaßen. Jede halbwegs realistische Deutschlandpolitik wird damit unmöglich; in der Praxis wird der Verfassungsauftrag des Grundgesetzes, langfristig auf die Wiedervereinigung hinzuwirken, blockiert und zum puren Lippenbekenntnis, zur Phrase herabgewürdigt – ausgerechnet von denen, die sich den nationalen Alleinvertretungsanspruch anmaßen.

Wäre es nicht doch einmal möglich, aus der Geschichte zu lernen? Nach dem Ersten Weltkrieg wurde die Chance der von den Siegermächten gezogenen, durch Volksabstimmungen zum Beispiel in Masuren als angemessen dokumentierten Grenzen nicht genutzt, vielmehr im Pochen auf das Verlorene schließlich vertan, was man hatte. Dies wiederholt sich auf gespenstische Weise, wenn man sich heute mit dem Recht auf Heimat auf einen »Fortbestand des Deutschen Reiches in den Grenzen von 1937« beruft – wobei nunmehr dort die Grenzen des eigenen Erbrechts abgesteckt werden sollen, wo man zwischen den beiden Weltkriegen einzig das »Diktat« und schreiendes Unrecht erkennen mochte und buchstäblich ums Verrecken nicht bereit war, das Gegebene hinzunehmen. Dieses böse Spiel sollten wir nicht länger betreiben; es verhindert, daß wir mit uns selbst und mit unseren Nachbarn endlich zum Frieden finden; es schafft nur neue Illusionen und abgründige Selbstgefährdungen.

Um aber zurückzukehren und so konkret und so persönlich zu sprechen, wie es dem Thema angemessen ist: Meine Heimat liegt unverrückbar im ländlichen Hinterpommern, in jenem stillen Land jenseits der Oder, das einst zum deutschen Osten gehörte und inzwischen zum polnischen Westen geworden ist. Aber gerade weil es sich um das Konkrete und Persönliche handelt, darum gilt: Heimat wird mit jedem Menschen neu geboren, wie sie auch mit jedem Menschen stirbt. Was ich darum für meinen Enkel tun kann, ist doch, soweit ich das vermag, ihm Heimat als ein Rüstzeug ins Leben und bis in sein Alter dort zu schaffen und zu sichern, wo er geboren wurde und aufwächst: in Göttingen.

Und wie ist das eigentlich mit den anderen, den polnischen Kindern, die im heutigen Pomorze geboren werden und dort in ihr Leben wachsen, längst schon in der zweiten, der dritten Generation? Haben nicht auch sie, so selbstverständlich wie mein Enkel, ihr eigenes Recht auf Heimat, die sie nirgendwo sonst finden können?

Es gibt nur einen legitimen Ort, um das, was Heimat einmal war, für die nachfolgenden Generationen zu bewahren: den anschaulichen Bericht, das Erzählen, die Literatur. Auch davon war in diesem Buch ausführlich die Rede, und ich möchte hinzufügen: Das Erzählen ist unsere Aufgabe, um nicht zu sagen unsere Pflicht. Denn, um das schon zitierte Wort von Rainer Maria Rilke zu wiederholen: »Wir sind vielleicht die Letzten, die noch solche Dinge gekannt haben. Auf uns ruht die Verantwortung, nicht allein ihr Andenken zu bewahren – das wäre wenig und unzuverlässig –, sondern ihren humanen und larischen Wert.«*

Meine Erfahrung sagt, daß wir durchaus etwas bewirken können und daß unsere Hoffnung, das Verlorene durch die Erinnerungsarbeit zu retten, nicht vergeblich sein muß. Ein Rezensent beginnt die Besprechung meiner Bücher mit den Worten: »Nichts fesselt mich momentan mehr als das Leben einst und jetzt im fernsten Hinterpommern. Genau gesagt geht es um die Gegend nordöstlich von Stolp, südlich vom Lebasee, um die Dörfer Rumbske und Rowen, um Glowitz, wo ›unsere‹ Kirche steht, und um Klucken, wo die Wilddiebe wohnten und wohnen, in deutschen wie in polnischen Zeiten.«* Im Umkreis dieses Mannes

»stammt keiner weit und breit aus jenen Gebieten«, aber jetzt möchte er dorthin fahren, um das Land aus eigener Anschauung kennenzulernen. Auch junge Leute, einzeln oder als Schulklassen mit ihren Lehrern, kommen zu mir und bitten um Rat für die Reise nach Pommern. Was will man mehr?

## Unterwegs zur Versöhnung

Wer Redakteure beim Rundfunk, beim Fernsehen oder bei Zeitungen nach ihren Erfahrungen mit Leserbriefen befragt, der bekommt durchweg zu hören, daß die Zuschriften ein verzerrtes Bild ergeben: Die zum Widerspruch Aufgelegten und Verärgerten greifen eher zur Feder als die Zustimmenden und Zufriedenen. Bei denen, die ein Buch lesen, mag es ein wenig anders sein, weil die Kaufentscheidung schon von Erwartungen aus Rezensionen oder dem Hörensagen beeinflußt wird. Dennoch führen die vielen hundert Briefe, die ich zu meinem Buch ›Die Reise nach Pommern‹ erhalten habe und noch immer erhalte, zu einem eindeutigen und überraschenden Ergebnis.

In der Mehrheit sind es ältere oder alte Menschen, die mir schreiben; nicht selten beginnt ein

Brief mit der Bitte um Nachsicht: »Ich bin bald neunzig, entschuldigen Sie die schlechte Schrift« – und dann folgen zwei oder auch zehn Seiten so gestochen scharf im einst erlernten Sütterlin, daß die jungen Leute von heute sich daran ein Beispiel nehmen könnten. Zugleich handelt es sich überwiegend um Menschen, die aus dem Osten stammen, so daß Flucht oder Vertreibung und der Verlust der Heimat zu ihren prägenden Lebenserfahrungen gehören. Davon ist die Rede, Erinnerungen strömen, häufig geht es um Einzelfragen: Deputat, Erntefest, Kinder- und Großmuttergeschichten.

Aber in etwa der Hälfte der Briefe geht es auch ums Politische, um das Erbrecht oder Unrecht auf Heimat. Dabei stimmt die weit überwiegende Mehrheit – mehr als neunzig Prozent – meiner Auffassung zu, manchmal zögernd, meist mit Nachdruck; mitunter heißt es anrührend: »Bisher habe ich gezweifelt, aber jetzt weiß ich, daß wir nicht an uns, sondern an die Enkel denken müssen, damit wenigstens ihnen erspart bleibt, was wir erlebt haben.« Nur eine kleine Minderheit – jeder Zwanzigste ungefähr – vertritt die Gegenmeinung: Der Osten ist immerdar unser, weil das Recht auf Heimat niemals verjährt. Dabei sind freilich die Beschimpfungen – oft tapfer anonym – nicht gerade selten: »Du Schwein, du Verräter, geh doch zu deinen Polen, die dich bezahlen...« Daß es sich bei diesem Verhältnis von

Mehrheit und Minderheit nicht um ein Zufallsergebnis oder um die Vorauswahl von Buchkäufern handeln kann, wird übrigens durch die Reaktionen auf Fernsehberichte bestätigt.*

Vermutlich sah es vor zwanzig Jahren noch anders aus. Der Wandel, der inzwischen eingetreten ist, hat nicht nur, aber auch und sogar wesentlich mit Reiseerfahrungen zu tun, mit dem »Heimwehtourismus«, der den abschätzigen Unterton durchaus nicht verdient, der ihm manchmal beigelegt wird. Zögernd, mit sehr zwiespältigen Gefühlen trat man die erste Reise nach Osten an, mit Zagen klopfte man an die Tür, hinter der man einmal zu Hause war. Und die Tür wurde aufgetan.

»Wann kommt meine liebe Freundin Frieda Albrecht wieder zu Besuch? Wir warten auf sie, ihr Zimmer steht bereit, bitte bestellen Sie ihr das!« Das sagte mir, 1984, eine alte Bäuerin in einem pommerschen Dorf, und sie meinte damit die deutsche Vorbesitzerin ihres Hofes. Sie sagte auch, voller Stolz: »›Unsere‹ Deutsche ist als letzte gegangen – und als erste kam sie zurück.« Als Frieda Albrecht im Januar 1986 gestorben war, schrieb sie: »Wir weinen um unsere Schwester.«

Das mag eine besondere Geschichte sein, aber erst Tausende, dann Zehntausende, ja Hunderttausende haben Erfahrungen gemacht, die in die gleiche Richtung weisen. Bekanntschaften, Freundschaften sind entstanden, Briefe und Einladungen gingen hin und her; in den polnischen Krisenjahren trug man Millionen von Päckchen und Paketen zur Post.

Das Bedeutsame an den Reisen in die verlorene Heimat war und bleibt wohl, daß sie tatsächlich ins Konkrete führen, ganz anders als der Pauschal- und Massentourismus an die Sonnenstrände des Mittelmeers. Nicht »die« Deutschen sind »den« Polen begegnet oder haben sie verfehlt, sondern Menschen haben Menschen gefunden. Und hier wie überall gilt, daß sich am Abstand der konkreten Erfahrung von der Abstraktheit, vom Vorurteil und Klischee alles entscheidet. Erst allmählich habe ich herausgefunden, daß das sogar für die Leserbriefe gilt, die mich erreichen: Bei den ablehnenden und den zustimmenden kommt jeweils ein anderer Begriff von Heimat ins Spiel. Die einen – die Minderheit der fünf Prozent – reißen im Gewaltakt der Abstraktion den Alleinvertretungsanspruch »der« Deutschen oder Pommern an sich, der ihnen gerade nicht zusteht:

»Ein Deutscher würde eine solche Aussage nicht machen! Wenn man jedoch wie Sie und ihre Ahnen aus dem kaschubischen Bereich stammt, dort ein König im kleinen war, dann kann man verstehen, daß Sie sich nach Polen hingezogen fühlen... Von den Vertreibern ist Ihnen eine besondere Auszeichnung gewiß und ein gutes Geschäft ist es auch wohl geworden, dieses Buch nun schon in der 6. Auflage herauszubringen. Der ›Spiegel‹ hat Ihnen hierbei gut geholfen, indem er das Buch lange Zeit auf der Bestsellerliste erscheinen ließ, in der Absicht, die Ansichten eines ›deutschen‹ Grafen zu diesem heißen Thema zu verbreiten. Auf dieser Ebene finden Sie sicher noch einige Helfer. *Unser* Wahlspruch ist und bleibt: ›Noch ist Pommern nicht verloren!‹«*

Die anderen – die große Mehrheit – berichten persönlich, sie schreiben: »Ich meine, denn ich habe erlebt...« Auch dafür ein Beispiel: »Auf den Bildband freue ich mich. Ein Bild – da nur gesehen – wird leider fehlen. Das war im Juli 1939 an einem sehr heißen Mittag. Ich stand an der Straße in Boschpol. Auf einem Motorrad fuhren zwei Zollbeamte von der Grenze herkommend in Richtung Lauenburg. Der Sozius hielt eine Leine in den Händen, mit der er einen an den Händen gefesselten Menschen hinter sich herzerrte oder – wenn gefallen – schleifte. Mein Anruf wurde lediglich mit einem kurzen: ›Das ist ein Polack!‹ beantwortet.

Dieses Bild überschattet alle Bilder einer auch von mir geliebten Landschaft.«

Muß man dieses Beispiel extrem nennen? Vielleicht. Aber wer solch ein Bild je gesehen, wer es bewahrt statt verdrängt hat, der weiß, was die Feindbilder anrichten, hinter denen der Mensch verschwindet und bloß noch durch den Kot geschleift wird. Ach, in welch einen Abgrund des

Unheils haben diese Feindbilder uns verführt, was haben die Völker einander angetan, welche Wunden gibt es noch hüben und drüben, kaum vernarbt, wie leicht kann ein einziges unbedachtes Wort sie wieder aufreißen, wie weit und wie schmal ist der Weg zur Versöhnung!

Am Ende ihres ›Heimat‹-Gedichts sagt Marie Luise Kaschnitz:

> Und es rauschen Dir wieder die Flötenrohre der Brunnen,
> Und das grünweiße Wasser rieselt Dir über die Pulse,
> Und es schlägt Dir das Herz im Sensendengeln, im Heugras,
> Und es steht überm Schneefeld in goldenen Waffen Orion,
> Und es duftet nach Brot und nach Wein –
> Aber wann denn, wann denn?
> Morgen, – wenn Du zu lieben gelernt.

Das allerdings ist die Frage: ob wir Liebe meinen oder heimlich unheimlich den Haß. Wenn wir unsere verlorene Heimat wirklich lieben, wenn wir sie den Enkeln nahebringen möchten – und wenn wir auch die Enkel genug lieben, um sie vor der Wiederkehr des Unheils behüten zu wollen, dann gibt es nur einen Weg, diesen einzigen: Wir müssen erkennen und anerkennen, daß Heimat dem Menschen gehört, nicht dem Wahn.

Der Wahn kann die Heimat zerstören. Doch keine Macht dieser Erde kann sie von dem Ort fortrücken, an dem die Kinder und die Enkel geboren werden und aufwachsen, hüben wie drüben.

## Nachwort zur Taschenbuchausgabe

Dieses Buch wurde vor einigen Jahren geschrieben; im Frühjahr 1989 war es als Manuskript abgeschlossen. Seither ist viel geschehen. Die DDR verschwand mit ihren Mauern und Grenzanlagen, wie insgesamt das Sowjetimperium. Deutschland ist wieder vereinigt. Das Unerwartete, kaum noch Erhoffte, macht zusätzliche Überlegungen zum Thema möglich und notwendig.

Zunächst: Die DDR war gewissermaßen ein heimatloser Staat, und daran ist sie gescheitert. Bloßes Machwerk aus der Doktrin, nur von fremder Macht gehalten, blieb sie ohne Wurzeln in der Geschichte. Was aus der Vergangenheit unbequem in die Gegenwart ragte, wurde umgedeutet, übertüncht, zerstört oder dem Verfall preisgegeben. Das galt für Bauten und Denkmäler, für die Abschaffung alter Länder zugunsten der »Bezirke«, für Straßen- und Ortsnamen: Karl-Marx-Stadt statt Chemnitz, Marxwalde statt Neu-Hardenberg, Friedens- statt Königshorst. Letztlich ging es um *Enteignung*, keineswegs nur der Ländereien und Fabriken, sondern auf den Menschen gezielt, der ein »neuer« und im unabsehbar Kollektiven zu Hause sein sollte, statt im Konkreten und Besonderen seiner Eigen-Art. Eben damit wurde die Heimatlosigkeit zum Prinzip und zum Ziel; die Beschwörung einer »Liebe zur sozialistischen Heimat« erwies sich als Leerformel, die die Gefühle kaum wärmte und die Herzen nicht erreichte.

Indessen zeigte der alte Adam seine Widerstandsfähigkeit. Da ihm verwehrt blieb, sich öffentlich oder wirtschaftlich auszuleben, wandte er seine Energien der privaten Existenz zu. Man hat von einer »Nischengesellschaft« gesprochen: Sozusagen als Daseinskrönung stellte sich das Wochenendhaus und Sommerasyl irgendwo im Abseits dar, ein Zuhausesein im Gemütlichen mit den Nachbarn, mit Familie und Freunden, das Besucher aus dem Westen oft mit Staunen, manchmal fast mit Neid registrierten, so als gehe es in der DDR geruhsamer und bekömmlicher, in gewissem Sinne »deutscher« und heimatlicher zu als in der längst »amerikanisierten« Bundesrepublik. Das offiziell Geforderte, einschließlich der Wirtschaft, blieb dabei weithin sich selbst, seinem zähen Fortgang oder schleichenden Ruin überlassen.

Der Einsturz des SED-Staates hat nun alles verändert – und nicht nur für seine Nutznießer. Die Gemütlichkeit im sei es noch so engen und bescheidenen Rahmen ist jäh dahin; in allen Lebensbereichen sieht man sich mit neuen Maßstäben, mit Ungewißheit und Fremdheit, das heißt mit Ängsten konfrontiert – und mit den triumphierenden Bescheidwissern aus dem Westen, die ein angeschlagenes Selbstbewußtsein bis an oder über die Grenzen des Zumutbaren strapazieren. Gibt es gegenüber solcher beim Wort zu nehmenden und umfassend zu verstehenden Heraus-Forderung überhaupt noch Möglichkeiten, sich irgendwo zu Hause zu fühlen?

Vielleicht doch. Jedenfalls ist es von großer Bedeutung, daß aus den Ruinen der DDR wie selbstverständlich die alten Länder auferstanden sind. Und wie denn nicht? Sachsen und die Mark Brandenburg haben mindestens so viel an Eigen-Geschichte, Thüringen und Mecklenburg so viel an Eigen-Art zu bieten wie Bayern, Württemberg oder die Hansestädte. Hier, so scheint es, zeichnen sich neue und zugleich alte Möglichkeiten des Zuhauseseins im Besonderen, der Heimat im Regionalen ab. Zwei Beispiele mögen das anschaulich machen.

Anfang 1990, als die Wiederbegründung der Länder zur Diskussion stand, erreichten mich Briefe aus Vorpommern: Als bekannter Landsmann solle ich im Westen die Werbung für ein eigenes Bundesland übernehmen, denn man wolle sich nicht ins Mecklenburgische fügen. Ich konnte nur antworten, daß ein selbständiges Vorpommern – in seiner nordöstlichen Randlage und fast ohne Industrie, von morschen Atomkraftwerken abgesehen – keine Lebenschancen habe. Aber entsprang nicht, jenseits der wirtschaftlichen Vernunft oder Unvernunft, die Hoffnung auf ein eigenes Bundesland dem sehr verständlichen Wunsch, das Nahe, Konkrete zu bewahren und in ihm Heimat zu finden?

Das zweite Beispiel: Etwas östlich von Göttingen liegt als katholische Enklave im protestantischen Gebiet das Eichsfeld, eine Hinterlassenschaft des Erzbistums Mainz. Seit 1815 durchschnitt eine Landesgrenze, nach 1945 die innerdeutsche Grenze das Gebiet, mit Duderstadt im Westen und Heiligenstadt im Osten. Kaum aber war die Grenze gefallen, feierten die Eichsfelder ihre spezielle Art von Wiedervereinigung, das »Wir« ihres Heimatbewußtseins.

Die Suche nach Zugehörigkeit und Zuhausesein im Regionalen ist übrigens nicht nur ein deutsches Thema. In einer Zeit, in der sich die politischen Entscheidungsprozesse immer weiter hinauf auf eine höhere, abstraktere Ebene verschieben und am Ende irgendwo in der Bürokratie von Brüssel verlieren, wächst das Bedürfnis nach Ausgleich, eben nach dem regional Besonderen. Traditionell zentralistische Staaten, wie Frankreich, Spanien, Großbritannien geraten dadurch in Anfechtungen. Deutschlands Reichtum dagegen – so ist in diesem Buch gesagt und bis in die Literatur hinein gezeigt worden – war immer die Vielfalt. Sie zu achten und zu stärken statt zu schwächen sollte heute und in der Zukunft ein Gebot unserer Klugheit sein.

Freilich gehören zum Thema nicht nur seine

freundlichen, sondern zugleich seine finsteren Seiten. Auch davon war die Rede: »Heimat« kann, wie es schon einmal geschehen ist, als politische Parole mißbraucht werden, die ins Dumme und Dumpfe, in Fremdenhaß und Verfolgungswahn mündet. Manches davon zeichnet sich drohend ab, keineswegs nur, aber auch oder gerade in den neuen Bundesländern: Ausländer raus, Deutschland als Heimat nur für die Deutschen!

In gewissem Sinne mag das sogar verständlich sein. Das SED-Regime hatte sich als Statthalter der Völkerfreundschaft proklamiert, ohne eine aufklärende Diskussion überhaupt zuzulassen. Der Fall des Regimes und seine rückwirkende Entwertung schaffen nun zugleich der Verachtung oder Umkehrung seiner Parolen einen Anschein von gutem Gewissen. Vor allem jedoch geht es um eine Kompensation der Unsicherheit: Ein vor den Siegern aus dem Westen ins Knie brechendes Selbstbewußtsein weckt mit seinen Ängsten die Gier, selbst zu den Siegern zu gehören und andere ihre Unterlegenheit spüren zu lassen – zum Beispiel die Nachbarn im Osten, die Polen.

Die Situation wirkt insofern paradox, als die DDR ein Land fast ohne Ausländer gewesen war. Anders im Westen. Hier hat bereits der Ablauf der Zeit neben allen Schwierigkeiten auch unerwartete Möglichkeiten geschaffen. Man denke an die Türken. Das Abkommen, das ihnen den Zu-

zug eröffnete, wurde am 30. Oktober 1961 unterzeichnet, nur zweieinhalb Monate nach dem Bau der Mauer, der die innerdeutsche Ost-West-Wanderung zum Erliegen brachte. Seit dreißig Jahren sind also die Türken im Land, inzwischen mit 1,6 Millionen. Sie sind hier längst schon in der zweiten, in Ansätzen sogar schon in der dritten Generation, mit jungen Menschen mithin, die nirgendwo sonst als in Deutschland zu Hause sind. Können sie aber auch Heimat finden?

Ja, warum eigentlich nicht, wenn es denn wahr ist, daß Heimat als Möglichkeit mit jedem Menschen neu geboren wird? Und zumindest positive Zeichen gibt es durchaus. Um etwas dem Anschein nach Nebensächliches zu nennen: Seit einiger Zeit machen in Berlin und anderswo türkische Fußballvereine von sich reden, die nicht bloß Türken begeistern. Dies erinnert an die Geschichte des Ruhrgebiets. Daß einst die »Brüder aus der kalten Heimat«, die Zuwanderer aus dem Osten mit den unaussprechlich polnischen Namen, eine neue Heimat fanden, verdankten sie nicht zuletzt ihrem Vereinswesen, besonders den Fußballvereinen; davon zeugt bis heute der »Mythos Schalke«. Etwas von der Art könnte sich wiederholen; aus den Elementen des türkischen Ursprungs und der deutschen Umgebung eigentümlich gemischt, könnten in unseren Großstädten spezifische Milieus – nicht Gettos – entstehen, aus denen dann Heimat wächst.

Noch ist freilich nichts entschieden. Und was geschieht, wird wesentlich von uns, den Deutschen, abhängen – davon, ob wir den aus der Fremde stammenden Beitrag zu unserer Vielfalt als Bereicherung oder als Bedrohung wahrnehmen. Dabei sollten wir unsere Einstellung vielleicht an der Antwort messen, die der Preußenkönig Friedrich der Große auf die Frage gab, ob Katholiken das Bürgerrecht erwerben dürften: »Alle Religionen sind gleich und gut, wenn nur die Leute, so sie professieren, ehrliche Leute sind. Und wenn Türken und Heiden kämen und wollten das Land peuplieren, so wollen wir ihnen Moscheen und Kirchen bauen. Ein jeder kann bei mir glauben, was er will, wenn er nur ehrlich ist.«

Vor allem sollten wir uns daran erinnern, daß Heimat das Konkrete ist, das jedem Erdenbürger als sein Menschenrecht auf Heimat dort gehört, wo er geboren wurde und aufwächst. Der Wahn und der Haß allerdings können Heimat zerstören und zur verlorenen machen. Diese bittere Erfahrung unserer neueren Geschichte sollten wir verstehen lernen und beherzigen. In solchem Sinne stellt sich mein Buch als Fürsprache – und heute, 1992, unerwartet aktuell dar.

Christian Graf von Krockow
Göttingen, im Februar 1992

# Anmerkungen

Die Zahlenangaben jeweils am Anfang der Anmerkungen beziehen sich auf die Textseiten

10: ›Katechismus für den deutschen Wehrmann‹, 1813 als eine Art geistiger Aufrüstung für die Freiheitskriege gegen das napoleonische Frankreich geschrieben. Wie schon der Begriff »Katechismus« nahelegt, werden hier Heimat, Vaterland und Nation zu weltlichen Heiligtümern verklärt.

18: Alexis de Tocqueville: Über die Demokratie in Amerika. Band I, Einleitung; deutsche Ausgabe Stuttgart 1959, S. 9.

20: Zur genaueren Darstellung der modernen Agrarentwicklung siehe vom Verfasser: ›Vom Klee und von anderen Revolutionen‹ und ›Geschichten vom Dampfpflug‹, in: Die Reise nach Pommern. 9. Auflage, Stuttgart 1989, S. 59ff. und 73 ff.

21: In seinem ›Nachlaß zu Lebzeiten‹ (Zürich 1936, S. 130ff.) hat Robert Musil die Waldes-»Natur« sarkastisch beschrieben und die Triebkräfte ihrer Entwicklung enthüllt:

»Genese an ihrem Herzen, und du wirst – sofern man dir alle Vorzüge moderner Natur bietet – mit zunehmender Kräftigung eines Tages die Beobachtung machen, daß ein Wald meistens aus Bretterreihen besteht, die oben mit Grün verputzt sind. Das ist keine Entdeckung, sondern nur ein Eingeständnis; ich vermute, man könnte den Blick gar nicht ins Grün tauchen, wenn es nicht schon mit schnurgeraden Spalten dafür angelegt wäre. Die schlauen Förster sorgen bloß für ein wenig Unregelmäßigkeit, für irgendeinen Baum, der hinten etwas aus der Reihe tritt, um den Blick abzufangen, einen querlaufenden Stamm, den man sommersüber liegen läßt. Denn sie haben ein feines Gefühl für die Natur und wissen, daß man ihnen mehr nicht glauben möchte. Urwälder haben etwas höchst Unnatürliches und Entartetes. Die Unnatur, die der Natur zur zweiten Natur geworden ist, fällt in ihnen in Natur zurück.

Ein deutscher Wald tut so etwas nicht. Ein deutscher Wald ist sich seiner Pflicht bewußt, daß man von ihm singen könnte: Wer hat dich, du schöner Wald, aufgebaut so hoch da droben? Wohl den Meister will ich loben, solang' noch meine Stimm' erschallt! Der Meister ist ein Forstmeister, Oberforstmeister oder Forstrat, und hat den Wald so aufgebaut, daß er mit Recht sehr böse wäre, wenn man darin seine sachkundige Hand nicht sofort bemerken wollte. Er hat für Licht, Luft, Auswahl der Bäume, für Zufahrtswege, Lage der Schlagplätze und Entfernung des Unterholzes gesorgt und den Bäumen jene schöne, reihenförmige, gekämmte Anordnung gegeben, die uns so entzückt, wenn wir aus der wilden Unregelmäßigkeit der Großstädte kommen. Hinter diesem Forstmissionar, der einfältigen Herzens den Bäumen das Evangelium des Holzhandels predigt, steht eine Güterdirektion, Domänenverwaltung oder fürstliche Kammer und schreibt es so vor. Nach ihren Anordnungen entstehen soundso viel tausend Holzmeter freier Aussicht oder jungen Grüns alljährlich, sie verteilt die herrlichen Blicke und die kühlen Schatten. Aber nicht in ihrer Hand ruht das letzte Geschick. Noch höher als sie thronen in der Reihe der Waldgötter der Holzhändler und seine Abnehmer, die Sägewerke, Holzstoffabriken, Bauunternehmer, Schiffswerften, Pappwaren- und Papiererzeuger...«

Will man wissen, wie vormoderne Wälder aussahen, so muß man in den Reinhardswald fahren. Dort – im Weserbergland, unweit von Kassel und dicht bei der Sababurg – findet man einen »Urwald«, das heißt auf heute 920000 Quadratmetern einen Restbestand der alten Wald-Weide-Nutzung, dank der Initiative zweier Maler von den Forstleuten kunstvoll bewahrt.

23: Jeremias Gotthelf: Erlebnisse eines Schuldenbauers. Ausgabe Berlin 1854, S. 19. – »Das« Heimat ist eine im älteren Sprachgebrauch durchaus verbreitete und für die Sachlichkeit bezeichnende Form; die Verweiblichung setzt sich erst mit der neueren Entwicklung voll durch.

23: Siehe dazu Hermann Fischer: Schwäbisches Wörterbuch, 3. Band, Tübingen 1911, Spalte 1364.

24: Ludwig Joergens (oder Jörgens) wurde 1792 in Gütersloh geboren und wanderte dann als Prediger nach Amerika aus, wo er um 1837 starb.

25: Heinrich Heine: Deutschland. Ein Wintermärchen. 1847, Caput I. Vor dem zitierten Vers ist vom Harfenmädchen die Rede, das »mit wahrem Gefühle und falscher Stimme« singt:

> Sie sang von Liebe und Liebesgram,
> Aufopfrung und Wiederfinden
> Dort oben, in jener besseren Welt,
> Wo alle Leiden schwinden.

Sie sang vom irdischen Jammertal,
Von Freuden, die bald zerronnen,
Vom Jenseits, wo die Seele schwelgt
Verklärt in ew'gen Wonnen.

26: Die Tatsache, daß im Zeitalter der Romantik viele Gebiete des evangelischen Deutschland – zum Beispiel in Pommern und Württemberg, am Niederrhein und an der Wupper – von pietistischen Erweckungsbewegungen geprägt wurden, widerlegt den Sachverhalt nicht, sondern bestätigt ihn. Denn Ausgangspunkt und Triebkraft dieser Bewegungen war gerade das Ungenügen der kirchlichen Orthodoxie für die modernen Gefühlsmächte.

27: Das Wetterlied stammt von Ämilie Juliane Gräfin von Schwarzburg-Rudolstadt, die von 1637 bis 1706 lebte.

32: Zur Flucht und Vertreibung gibt es die mehrbändige ›Dokumentation der Vertreibung der Deutschen aus Ost-Mitteleuropa‹ des Bundesministeriums für Vertriebene, Flüchtlinge und Kriegsgeschädigte. Eine Zusammenfassung dieser Dokumentation bei: Gerhard Ziemer: Deutscher Exodus – Vertreibung und Eingliederung von 15 Millionen Ostdeutschen, Stuttgart 1973. Siehe ferner: Die Vertreibung der Deutschen aus dem Osten – Ursachen, Ereignisse, Folgen. Herausgegeben von Wolfgang Benz. Frankfurt a. M. 1985. – Anschauliche Darstellungen mit Bilddokumenten bieten: Frank Grube/Gerhard Richter: Flucht und Vertreibung – Deutschland zwischen 1944 und 1947. Hamburg 1980; Günter Böddeker: Die Flüchtlinge – Die Vertreibung der Deutschen im Osten. München und Berlin 1980. – Ein Augenzeugenbericht aus der russischen Perspektive: Lew Kopelew: Aufbewahren für alle Zeit! Hamburg 1976. – Als Erzählung eines exemplarischen Einzelfalls siehe vom Verfasser: Die Stunde der Frauen – Bericht aus Pommern 1944–1947. Stuttgart 1988.

39: Zitiert nach Hans-Albert Walter: Deutsche Exilliteratur 1933–1950. Band I, Darmstadt und Neuwied 1972, S. 14.

40: Brief Rilkes an Witold Hulewicz mit dem Stempel vom 13. 11. 1925; im Text wird in einer angefügten Klammer erklärt: »›Larisch‹, im Sinne der Haus-Gottheiten«.

40: Die Emigrations- und Exilforschung hat erst spät und nur zögernd eingesetzt. Zwar gibt es inzwischen eine umfangreiche Literatur, aber ihre Wirkung blieb stets gering, eine Sache mehr der Spezialisten als des allgemeinen Bewußtseins. Der Verfasser hat in seinem Buch ›Scheiterhaufen – Größe und Elend des deutschen Geistes‹, Berlin 1983, den akademischen Bereich dargestellt, doch keine seiner neueren Schriften fand so wenig Resonanz wie diese.

40: Theodor W. Adorno: Minima Moralia – Reflexionen aus dem beschädigten Leben. Berlin und Frankfurt a.M. 1951, S. 78.

41: Die Zerstörung einer Zukunft – Gespräche mit emigrierten Sozialwissenschaftlern. Aufgezeichnet von Mathias Greffrath. Reinbek 1979, S. 95. – Gerth war es übrigens gelungen, seine Bibliothek nach Amerika zu retten. Aber nach seiner Rückkehr ist sie ihm in Frankfurt von – wohl nur nach ihrer Selbsteinschätzung »linken« – Studenten »vergesellschaftet«, das heißt gestohlen worden. Siehe dazu von Greffrath: Erinnerung an Hans Gerth. In: Die Zerstörung einer Zukunft. a.a.O., S. 97 ff.

46: Von diesem Wandel des Intimsten erzählt Stefan Zweig in seinem Buch ›Die Welt von gestern – Erinnerungen eines Europäers‹: »Noch heute amüsiert mich die groteske Geschichte einer Tante von mir, die in ihrer Hochzeitsnacht um ein Uhr morgens plötzlich wieder in der Wohnung ihrer Eltern erschien und Sturm läutete, sie wolle den gräßlichen Menschen nie mehr sehen, mit dem man sie verheiratet habe, er sei ein Wahnsinniger und ein Unhold, denn er habe allen Ernstes versucht, sie zu entkleiden. Nur mit Mühe habe sie sich vor diesem sichtbar krankhaften Verlangen retten können.« (Ausgabe Frankfurt a.M. 1970, S. 98.) –Wahrlich, das könnte uns heute nicht mehr passieren, da wir doch stolz darauf sind, uns den nackten Tatsachen des Lebens mit Haut und Haaren verschrieben zu haben.

51: Rudolf von Thadden: Berührung zwischen Vergangenheit und Zukunft. In: Politik und Kultur, 5. Jahrgang, Heft 3, 1978, S. 63. Im Zusammenhang heißt es:

»Es gehört zu den charakteristischen Merkmalen der deutschen Nachkriegsentwicklung, und zwar in beiden Teilen Deutschlands, daß technische und wirtschaftliche Leistung in der Skala der Werte wieder weit obenan stehen. Bis in den Sport hinein gelten die Bundesrepublik und die DDR in der internationalen Öffentlichkeit als die Staaten, in denen andere Werte als Leistungssteigerung und technische Modernität vergleichsweise ein Schattendasein führen. Zwar erheben beide deutschen Staaten den Anspruch, mit ihrem Leistungswillen für übergeordnete Ziele zu stehen, faktisch entwikkelt sich jedoch ein Selbstverständnis der Deutschen, das nahezu ausschließlich vom Stolz auf technische und wirtschaftliche Werte bestimmt wird. D-Mark und Goldmedaillen bilden den Kern des deutschen Nationalbewußtseins.«

52: Am 29. November 1980 schrieb Peter Rühmkorf in der ›Frankfurter Allgemeinen Zeitung‹:

»Was wir gerade eben noch Heimat nennen können, ist nämlich nicht allein in seinem Namen, es ist bereits in der Substanz bedroht – ganz egal, ob uns der Mutterboden unter dem Hintern wegspekuliert wird oder die liebe Atemluft vor der Nase enteignet, und ohne daß man uns aus dem Lande jagte, sind wir doch alle in gewisser Weise Heimatvertriebene auf Abruf. Ein kleines Weilchen noch an industriellem Vormarsch, und die Heimat hat sich wie von selbst verflüchtigt.«

Das ist zwar wahr, und verschärfend könnte man sogar hinzufügen, daß durchweg der Abruf längst stattgefunden hat. Aber zugleich ist es nur die halbe Wahrheit. Die billig gegen Bau- und Bodenspekulanten, die Industrie oder wen immer gerichtete Anklage unterschlägt unsere eigene Mitverantwortung; hier wie überall gilt, daß von der Hand, deren Zeigefinger sich empört gegen andere richtet, stets drei Finger auf den Kläger selbst zurückverweisen.

58: In diesem Sinne ist sogar manchen Zeugnissen der Literatur und Malerei zu mißtrauen.

> Der Winter ist ein rechter Mann,
> kernfest und auf die Dauer;
> sein Fleisch fühlt sich wie Eisen an
> und scheut nicht süß noch sauer.

So dichtete Matthias Claudius – und das nicht etwa im hinteren Hinterpommern, sondern in Wandsbek, im Bannkreis des Hamburger Schmuddelwetters! Und wie eigentlich ist das mit den Winterbildern alter Niederländer, auf denen man eine Kälte sieht, als sei man nicht in Haarlem oder in Leyden, sondern in Nowgorod?

68: »Was einmal Fortschritt war, ist längst Rückschritt geworden«, läßt Fontane den Pastor Lorenzen im ›Stechlin‹ sagen, und an anderer Stelle schreibt er: »Preußen – und mittelbar ganz Deutschland – krankt an unsren Ost-Elbiern. Über unsren Adel muß hinweggegangen werden; man kann ihn besuchen wie das aegyptische Museum und sich vor Ramses und Amenophis verneigen, aber das Land ihm zu Liebe regieren, in dem Wahn: dieser Adel sei das Land,

– das ist unser Unglück und solange dieser Zustand fortbesteht, ist an eine Fortentwicklung deutscher Macht und deutschen Ansehens nach außen hin gar nicht zu denken. Worin unser Kaiser die Säule sieht, das sind nur tönerne Füße. Wir brauchen einen ganz anderen Unterbau.« (Briefe an Georg Friedlaender. Herausgegeben von Kurt Schreinert. Heidelberg 1954. Hier: Brief vom 5. April 1897, S. 309ff.)

70: Daher fühle ich mich durch gute Gesellschaft bestätigt, wenn ich lese, was ›Die Pommersche Zeitung – Für ein freies Pommern im vereinten Deutschland‹ jemandem schrieb: »Die Rezension des Krockowschen Machwerkes ›Die Reise nach Pommern in Bildern‹ können wir nicht veröffentlichen. Der Bundesvorstand hat jegliche Werbung dafür verboten.« Geld allerdings stinkt nicht: Die Anzeigenwerbung, die der Verlag bezahlt, wird angenommen.

74: Siehe zum Thema: Niklaus Meienberg: Vom Heidi, seiner Reinheit und seinem Gebrauchswert. In: Die Ohnmacht der Gefühle – Heimat zwischen Wunsch und Wirklichkeit. Herausgegeben von Jochen Kelter. Weingarten 1986, S. 158ff.

78: Die Stunde der Frauen – Bericht aus Pommern 1944 bis 1947. Nach einer Erzählung von Libussa Fritz-Krockow. Stuttgart 1988.

80: Seite um Seite, fast ein eigenes Buch ließe sich füllen mit den Hinweisen, den Anmerkungen und Aufschlüssen, Ergänzungen und Geschichten, die ich meinen Lesern verdanke. Sogar Verlorenes kehrt zurück: Von meinem Vater, der 1928 starb, gab es keine Fotos mehr; jetzt besitze ich sie wieder. »Kaiser Bim«, der Kinder-Bär, dem der Zehnjährige sein erstes »Buch« widmete und der 1945 entschwand wie fast alles, sitzt seit 1985 auf dem Kaminsims und schaut mir zu. Und sofort: In meinem Bericht ›Die Stunde der Frauen‹ wird, nur am Rande, Eberhard von Braunschweig in Lübzow erwähnt, der unbeugsame Gegner der braunen Machthaber, den gleichwohl die Sieger bei ihrem Einmarsch im März 1945 niederschossen. Aber schon meldet sich – aus Frankreich, mit einem ehemaligen Kriegsgefangenen verheiratet – die frühere Gutssekretärin aus Lübzow und schickt ihre Erinnerungen; schon erhalte ich, von anderer Seite, einen bewegenden Brief, den Eberhard von Braunschweig im Dezember 1944 schrieb, aus dem eine Ahnung des Abschieds zu lesen ist.

80: Alfred Polgar: Sein letzter Irrtum. In: Alfred Polgar, Im Lauf der Zeit. Hamburg 1954, S. 87ff.

89: Peter Härtling: Über Heimat. Ludwigsburg 1982, S. 22.

94: Kinder- und Hausmärchen. Gesammelt durch die Brüder Grimm. Manesse-Ausgabe Zürich 1946, Band 1, S. 12f.

97: Auch heute noch spielt der Schlichter im Streit eine wichtige Rolle, etwa wenn in der Auseinandersetzung um einen neuen Tarifvertrag die Unternehmer und Gewerkschaften sich festgefahren haben. Zu Schlichtern aber werden bevorzugt alte Männer gewählt, zum Beispiel Hermann Höcherl oder Georg Leber. Denn einerseits haben diese Männer das politische Alltagsgetriebe und den Machtkampf tatsächlich hinter sich, so daß man auf ihr unbeeinflußtes Abwägen vertrauen darf. Andererseits bedeutet ihr Alter Erfahrung, und dies in einem Sinne, daß sie nicht veraltet, so wie technische Fertigkeiten und Kenntnisse im reißenden Wandel rasch und immer rascher veralten; es geht um die Erfahrung mit Menschen.

99: Als im Sommer 1977 der Vorstandssprecher der Dresdner Bank Jürgen Ponto von Terroristen ermordet wurde, erschreckte und verstörte ganz besonders die Meldung, daß unter den Attentätern eine junge Frau gewesen sei, die einmal »wie eine Tochter« zum Hause des Ermordeten gehört habe. Doch unter dem Entsetzen barg sich ein halbes Bewußtsein der Tatsache, daß es eine junge Generation gab, die auf den Richtspruch über die Väter angelegt schien, so daß mit den Schüssen von Oberursel nur in der Zuspitzung zum Äußersten sichtbar wurde, was sie umtrieb.

103: Dane Chandos: Ich baue ein Haus in Mexiko. München o. J., S. 140.

104: Siehe zum Thema die großangelegte Darstellung von Norbert Elias: Über den Prozeß der Zivilisation. Erste Ausgabe 1939, 3. Auflage, Frankfurt a. M. 1976.

110: In meiner ›Reise nach Pommern‹ habe ich das eigene Ahn-Fräulein Jochmus erwähnt – und tadelnd zu hören bekommen, daß man so etwas besser auf sich beruhen lasse. Darum nun zum Ausgleich die Nachricht, daß in der Familie immer von »Tante Mariechen« gesprochen wurde.

Gemeint war Maria Stuart, deren dritte Ehe mit einem Hepburn, Earl of Bothwell, ihren Sturz in die Katastrophe auslöste. Die Hepburns mußten aus Schottland fliehen, und einer geriet bis nach Hinterpommern. So kam die Verbindung zustande, und für die Hepburns zeugte bis 1945 der Dorfname Hebrondamnitz: »Hebron« war die charakteristische – in diesem Falle biblische – Umsetzung des unverständlichen »Hepburn« ins Vorstellbare.

118: Siehe zum Begriff und zur Darstellung der »schöpferischen Zerstörung« Joseph A. Schumpeter: Kapitalismus, Sozialismus und Demokratie. 2. Auflage München 1950, S. 134ff.

118: Friedrich Engels: Die Lage der arbeitenden Klassen in England. Erste Ausgabe 1845.

119: Siehe zur genaueren Darstellung vom Verfasser: Nationalismus als deutsches Problem. 2. Auflage, München 1974, S. 42ff.

120: In der späteren Entwicklung sind es durchweg die konservativen Kräfte, die das Nationale für sich beanspruchen und revolutionäre oder reformistische Gegenkräfte als »vaterlandslos« diffamieren. Doch ursprünglich war es anders. Überall dort, wo es noch keine Nationalstaaten gab – wie in Italien, Deutschland und Osteuropa – richteten sich die nationalen Bewegungen unvermeidbar gegen die Legitimität bestehender Herrschaftsverhältnisse. Daher stemmten sich die Vormächte des Deutschen Bundes und der Heiligen Allianz gegen die nationalen Bewegungen und versuchten, sie mit allen Mitteln zu unterdrücken. So lapidar wie treffend formulierte Konstantin Frantz: »Das Nationalitätsprinzip ist das Revolutionsprinzip.« (Unsere Politik. Berlin 1850, S. 63.)

120: Diese Frage nach der Identität, in anderen Ländern kaum nachvollziehbar, bildet bis heute das Thema zahlloser Tagungen, Aufsätze und Bücher. Nur als Beispiel sei aus der neueren Literatur genannt: Die Identität der Deutschen. Herausgegeben von Werner Weidenfeld. Schriftenreihe der Bundeszentrale für Politische Bildung, Band 200, Bonn 1983. Dieses Buch wurde außerdem veröffentlicht: München und Wien 1983, als Taschenbuch 1984.

121: Heinrich Heine: Ludwig Börne – Eine Denkschrift. Viertes Buch, zuerst 1840.

122: Sebastian Haffner: Im Schatten der Geschichte – Historisch-politische Variationen aus zwanzig Jahren. Stuttgart 1985, S. 65.

123: Der wilhelminischen Aufbruchstimmung nach Bismarcks Entlassung hat Max Weber Ausdruck gegeben: »Wir müssen begreifen, daß die Einigung Deutschlands ein Jugendstreich war, den die Nation auf ihre alten Tage beging und seiner Kostspieligkeit halber besser unterlassen hätte, wenn sie der Abschluß und nicht der Ausgangspunkt einer deutschen Weltmachtpolitik sein sollte.« (Der Nationalstaat und die Volkswirtschaftslehre, 1895. In: Max Weber, Gesammelte Politische Schriften. 2. Auflage, Tübingen 1958, S. 23.) Zahllosę Äußerungen ähnlicher Art ließen sich beibringen, mit dem Kaiser vorweg. Gespenstisch mutet im Rückblick der poetische Gruß von Adolf Wilbrandt an das neue Jahrhundert an:

> Und haben wir viel geforscht, gedacht,
> die allerschönste Musik gemacht,
> tragisch und heiter die Welt besungen,
> den Erbfeind dann in uns bezwungen,
> als treu geeintes Volk in Waffen
> ein ehrenfestes Reich geschaffen:
> So laßt uns nun die Welt ergreifen,
> den letzten Kleinmut von uns streifen,
> ausstrahlen über die Erde hin
> so deutsche Kraft wie deutschen Sinn,
> mit gottdurchdrungnem Heldenwillen
> das zwanzigste Jahrhundert füllen!

125: Heinrich Heine: Die romantische Schule. Erstes Buch, zuerst 1836.

127: Ernest Renar: Œuvres Complètes. Band I, Paris 1947, S. 454ff.

129: Hans Freyer: Pallas Athene, Ethik des politischen Volkes. Jena 1935, S. 121 f. – Freyer (1887–1969) war zwar der Exponent einer »Revolution von rechts« – so auch der Titel seines Buches von 1931 –; als bedeutende Arbeiten sind aber unter anderem zu nennen: ›Soziologie als Wirklichkeitswissenschaft‹ (1930) und ›Weltgeschichte Europas‹ (2 Bände, 1948).

133: Die Gedichte von Becker, Arndt und Schneckenburger sowie die kritischen Gegengedichte findet man in: Deutschland, Deutschland – Politische Gedichte vom Vormärz bis zur Gegenwart. Herausgegeben von Helmut Lamprecht. Bremen 1969, S. 33ff. Siehe auch Heinrich Heine, Deutschland – Ein Wintermärchen, Caput V. – Einen Nachhall der Gedichte von Becker und Schneckenburger findet man 1870 in: ›»Die Wacht am Rhein« bei Chateaudun‹ von Adolf Strodtmann, jeweils mit dem »geflügelten« Kehrreim:

> Lieb Vaterland, magst ruhig sein,
> fest steht und treu die Wacht am Rhein.

134: Von der Vaterlandslosigkeit des Proletariats spricht zum Beispiel schon Wilhelm Heinrich Riehl, der einflußreiche Publizist und »Vater« der Volkskunde, 1851 in seinem Buch ›Die bürgerliche Gesellschaft‹ (Ausgabe Stuttgart 1866, S. 288).

134: Zitiert nach: Wolfgang Kaschuba: Arbeiterbewegung – Heimat – Identität. In: Tübinger Korrespondenzblatt, herausgegeben im Auftrag der Tübinger Vereinigung für Volkskunde e.V., Nr. 20, Juni 1979, S. 14f. – Siehe zum Thema insgesamt: Hermann Bausinger, Heimat in einer offenen Gesellschaft – Begriffsgeschichte als Problemgeschichte. In: Die Ohnmacht der Gefühle – Heimat zwischen Wunsch und Wirklichkeit. Herausgegeben von Jochen Kelter. Weingarten 1986, S. 89ff.

135: Siehe dazu: Proletarische Lebensläufe – Autobiographische Dokumente zur Entstehung der Zweiten Kultur in Deutschland. Herausgegeben von Wolfgang Emmerich. Band I, Reinbek 1974, S. 288f.

135: Siehe zum Thema: Gerhard Schweizer: Bauernroman und Faschismus – Zur Ideologie einer literarischen Gattung. Tübingen 1976; Klaus Bergmann: Agrarromantik und Großstadtfeindschaft. Meisenheim am Glan 1970; Dieter Kramer: Die politische und ökonomische Funktionalisierung von »Heimat« im deutschen Imperialismus und Faschismus. In: Diskurs 6–7, 1973, S. 33 ff.; Hermann Bausinger: Dorf und Stadt – ein traditioneller Gegensatz. In: Dorfpolitik. Herausgegeben von Hans-Georg Wehling. Opladen 1978, S. 18ff.

Der Umstand, daß der »Heimat«-Film in den fünfziger Jahren Urständ feierte, als sei nichts gewesen, wäre einer eigenen Betrachtung wert. Hatte er mit der Distanz zu Volk und Vaterland eine neue Unschuld gewonnen? Dagegen spricht schon seine Tendenz zum Vergolden und Glätten und insgesamt seine Klischeehaftigkeit. Hier gilt wohl eher, was Margarete Hannsmann gesagt hat: »Ich fürchte mich, bei denen zu sitzen, die Trachten, Lieder, Blasmusik, Spruchweisheit, Mundarten gepachtet haben, wie auf Bannern als Zeichen für Heimat vor sich hertragen. Ich fürchte mich vor den Wörtern Brauchtum, Volkstum. Mir graust vor den Relikten einer längst untergegangenen Welt, vor Giebel- und Fachwerkseligkeit, den neuen hölzernen Brunnentrögen und handgeschnitzten Wegweisern, den Deichseln, Wagenrädern, Dreschflegeln an Häuserwänden, den Spinnrädern, Kupfergeschirren in den Stuben, der ganzen Gartenzwergkultur.« (Heimatweh oder: Der andere Zustand. In:

Die Ohnmacht der Gefühle – Heimat zwischen Wunsch und Wirklichkeit. Herausgegeben von Jochen Kelter. Weingarten 1986, S. 33 f.) – Siehe im übrigen zum Thema: Willi Höfig, Der deutsche Heimatfilm 1947–1960. Stuttgart 1973.

136: Margarete Hannsmann: Heimatweh oder: Der andere Zustand. A. a. O., S. 31.

141: Im 18. und weithin sogar noch im 19. Jahrhundert trennte eine im Regelfall respektierte Grenze Staat und Gesellschaft, und die Staaten führten Krieg, nicht die Völker. Daher machte es für die Bewohner Schlesiens wenig aus, ob sie Untertanen Maria Theresias blieben oder zu Preußen wurden, und die ostpreußischen Stände huldigten im Siebenjährigen Krieg zwar zum Ärger Friedrichs des Großen, sonst aber ohne Probleme der Besatzungsmacht, das heißt der Zarin.

141: Als eine exemplarische Schilderung dieser Umstände siehe vom Verfasser: Die Fahrt in den Westen. In: Die Stunde der Frauen – Bericht aus Pommern 1944–1947. Stuttgart 1988, S. 172 ff.

142: Zitiert nach: Bergedorfer Gesprächskreis, Protokoll Nr. 76, 1984, S. 15.

144: Das Gesetz zum Lastenausgleich trat am 1. 9. 1952 in Kraft; die Vermögensabgabe der Einheimischen lief bis zum 31. 3. 1979; die Auszahlungen an die Vertriebenen waren zu diesem Zeitpunkt zwar in der Hauptsache, aber noch keineswegs vollständig abgeschlossen. Die Anträge nach dem Feststellungs-Gesetz waren am 31. 12. 1979 zu 98,7 Prozent erledigt; positiv entschieden waren nach diesem Gesetz über 5,5 Millionen Anträge mit einer Gesamt-Schadenssumme von 48,8 Milliarden Reichsmark; nach einem weiteren Gesetz kamen 427 000 Anträge mit einer Schadenssumme von 8,2 Milliarden noch hinzu.

146: Abgedruckt in: Marie Luise Kaschnitz: Überallnie – Ausgewählte Gedichte 1928–1965. Frankfurt a. M. 1984, S. 98 ff.

149: Siehe die erste Anmerkung zu S. 40.

149: Arnulf Baring im Berliner ›Tagesspiegel‹ vom 3. Juni 1988.

152: Mein eigener Bericht – 1985 im Bayerischen Fernsehen, später in anderen Dritten Programmen – ergab keine Änderung der Mehrheitsverhältnisse. Noch eindeutiger sah es bei Rainer Barzel aus, der 1988 im ZDF-Film über seine ostpreußische Heimat zu ähnlichen

Schlußfolgerungen gelangte: Auf tausend positive Briefe kamen drei Ablehnungen und Beschimpfungen.

154: Nur nebenher sei auf die charakteristische Geschichtsklitterung hingewiesen, die im verächtlichen Hinweis auf die Kaschuben angelegt ist und in der sich der Aberwitz aus dem »Dritten Reich« forterbt: so als falle die moderne Unterscheidung zwischen Deutschen und Polen mit der zwischen Germanen und Slawen zusammen, als gehöre nicht halb Deutschland – jedenfalls in seinen Vorkriegsgrenzen – zum altslawischen Siedlungsraum, als gäbe es für Millionen und Abermillionen von Deutschen, für einen Großteil der Nation keine slawischen Vorfahren.

# Deutsche Geschichte der neuesten Zeit

vom 19. Jahrhundert bis zur Gegenwart

Originalausgaben, herausgegeben von Martin Broszat, Wolfgang Benz und Hermann Graml in Verbindung mit dem Institut für Zeitgeschichte, München

Peter Burg:
**Der Wiener Kongreß**
Der Deutsche Bund im europäischen Staatensystem
dtv 4501

Wolfgang Hardtwig:
**Vormärz**
Der monarchische Staat und das Bürgertum
dtv 4502

Hagen Schulze:
**Der Weg zum Nationalstaat**
Soziale Kräfte und nationale Bewegung
dtv 4503

Michael Stürmer:
**Die Reichsgründung**
Deutscher Nationalstaat und europäisches Gleichgewicht im Zeitalter Bismarcks
dtv 4504

Wilfried Loth:
**Das Kaiserreich**
Liberalismus, Feudalismus, Militärstaat
dtv 4505 (i. Vorb.)

Richard H. Tilly:
**Vom Zollverein zum Industriestaat**
Die wirtschaftlich-soziale Entwicklung Deutschlands 1834 bis 1914
dtv 4506

Helga Grebing:
**Arbeiterbewegung**
Sozialer Protest und kollektive Interessenvertretung bis 1914
dtv 4507

Hermann Glaser:
**Bildungsbürgertum und Nationalismus**
Politik und Kultur im Wilhelminischen Deutschland
dtv 4508 (i. Vorb.)

Wolfgang J. Mommsen:
**Imperialismus**
Deutsche Kolonial- und Weltpolitik 1880 – 1914
dtv 4509 (i. Vorb.)

Gunther Mai:
**Das Ende des Kaiserreichs**
Politik und Kriegführung im Ersten Weltkrieg
dtv 4510

Klaus Schönhoven:
**Reformismus und Radikalismus**
Gespaltene Arbeiterbewegung im Weimarer Sozialstaat
dtv 4511

Horst Möller:
**Weimar**
Die unvollendete Demokratie
dtv 4512

Peter Krüger:
**Versailles**
Deutsche Außenpolitik zwischen Revisionismus und Friedenssicherung
dtv 4513

Corona Hepp:
**Avantgarde**
Moderne Kunst, Kulturkritik und Reformbewegungen nach der Jahrhundertwende
dtv 4514

# Marion Gräfin Dönhoff im dtv

Namen die keiner mehr nennt
Ostpreußen –
Menschen und Geschichte

»Dieses Buch unterscheidet sich höchst wohltuend von vielen sentimentalen Traktaten über die verlorenen Ostgebiete ... Natürlich spürt man, daß die Gräfin Dönhoff mit allen Fasern ihres Herzens an dem Land hängt, in das ihre Vorfahren vor 700 Jahren gekommen waren ... Aber sie weiß auch, daß diese 700 Jahre deutscher Kultur in Ostpreußen unwiederbringlich verloren sind – verloren durch deutsche Schuld.« (Nordd. Rundfunk)
dtv 247

Weit ist der Weg nach Osten
Berichte und Betrachtungen aus fünf Jahrzehnten

Von der Ära Stalins bis zu der Gorbatschows, von der starren Unbeweglichkeit des sowjetischen Systems bis zu »Glasnost« und »Perestrojka« hat Gräfin Dönhoff die Beziehungen der Bundesrepublik zur UdSSR und ihren Satellitenstaaten mit ihren Kommentaren begleitet. Sie hat, aus der Beobachter-Position heraus, Veränderungen wahrgenommen, die eine Reaktion des Westens, eine Neueinstellung seiner Politik möglich gemacht hätten: Stalins Tod etwa oder die Ereignisse in Ungarn, Jugoslawien, Polen, der Führungswechsel in Ost-Berlin und nicht zuletzt der in Moskau selbst. dtv 10971

Der südafrikanische Teufelskreis
Reportagen und Analysen aus drei Jahrzehnten

Gibt es einen Ausweg aus dem Teufelskreis, in den Südafrika geraten ist? Oder kommt es am Kap der einst guten Hoffnung unvermeidlich zu einer Katastrophe? Marion Gräfin Dönhoff versucht in Reportagen und Analysen von 1960 bis heute eine Antwort auf diese Fragen zu geben. Sie charakterisiert die gegenwärtige Situation in Südafrika, setzt jedoch auch heute noch auf vernünftige Einsicht auf beiden Seiten.
dtv 11110

# Jean Améry im dtv

Jenseits von Schuld und Sühne
Bewältigungsversuche eines Überwältigten

»Übrigens geht es mir in diesem Augenblick so wenig wie ehedem um das Dritte Reich. Was mich beschäftigt und wovon ich zu reden qualifiziert bin, das sind die Opfer dieses Reiches. Kein Denkmal will ich ihnen setzen, denn Opfer sein allein ist noch nicht Ehre. Nur ihre Kondition wollte ich beschreiben, die ist unveränderbar.« dtv 10923

Unmeisterliche Wanderjahre

Den »Versuch einer Selbstbefragung« nannte Jean Améry diesen Aufsatzzyklus, der aus der Perspektive des jüdischen Schriftstellers vierzig Jahre europäischer Geistesgeschichte resümiert und, zusammen mit seinen früheren Schriften gesehen, eine Art »essayistisch-autobiographischen Roman« ergibt. Unbestechlich im Urteil und voll aphoristischer Schärfe fragt Améry nach den geistigen Bedingungen des Menschseins in unserer Zeit. Ein nach wie vor aktueller Beitrag zur gegenwärtigen Diskussion über das Phänomen »Zeitgeist«. dtv 11162

Widersprüche

Dieser Band vereinigt Aufsätze aus den Jahren 1967 bis 1971, in denen Jean Améry Stellung nimmt zu philosophischen Fragen, zu politischen und gesellschaftspolitischen Ereignissen sowie zum Judentum. »Ein solcher Autor läßt sich nicht festlegen, er hat die Widersprüche des Zeitgeistes akzeptiert, er hat sie wieder und wieder reflektiert, und es fehlt ihm die Arroganz, uns mitzuteilen, er habe sie bewältigt.« (Ivo Frenzel in der ›Süddeutschen Zeitung‹) dtv 11322

Über das Altern
Revolte und Resignation

Améry läßt sich nicht ein auf Harmonisierung oder Verklärung. Er beschreibt das Altern als einen fortschreitenden Prozeß der Entfremdung von den Zeitgenossen, von der Welt und von sich selbst. Was bleibt, ist Revolte und Resignation, Kampf also, trotz der Einsicht, das man unterliegen wird. »Ein einzelner hat hier für einzelne geschrieben, die dazu bereit sind, in letzten Sachen bis ans Ende zu denken.« (H. Krüger in ›Die Zeit‹) dtv 11470

Le papier de cet ouvrage est composé de fibres naturelles, renouvelables, recyclables et fabriquées à partir de bois provenant de forêts plantées et cultivées expressément pour la fabrication de la pâte à papier.

Maquette : Karine Benoit
Photo de l'auteur © D.R.

ISBN : 978-2-07-064120-8
Loi n° 49-956 du 16 juillet 1949
sur les publications destinées à la jeunesse
Dépôt légal : novembre 2012.
N° d'édition : 183498 – N° d'impresssion : 176786.
Imprimé en France par Maury Imprimeur - 45330 Malesherbes

2. **Le bonheur est au bout de l'élastique**
3. **Entre mes nungas-nungas mon cœur balance**
4. **À plus, Choupi-Trognon...**
5. **Syndrome allumage taille cosmos**
6. **Escale au Pays-du-Nougat-en-Folie**
7. **Retour à la case égouttoir de l'amour**,

Louise Rennison

**Code cool**, Scott Westerfeld

## fantastique

**Interface**, M. T. Anderson
**Genesis**, Bernard Beckett
**Le Cas Jack Spark**
**Saison 1 Été mutant**,
**Saison 2 Automne traqué**, Victor Dixen
**Eon et le douzième dragon**
**Eona et le Collier des Dieux**, Alison Goodman
**Menteuse**, Justine Larbalestier
**Felicidad**, Jean Molla
**Le chagrin du Roi mort**,
**Le Combat d'hiver**,
Jean-Claude Mourlevat
**Le Chaos en marche**
**1 - La Voix du couteau**
**2 - Le Cercle et la Flèche**
**3 - La Guerre du Bruit**,
Patrick Ness
**Jenna Fox, pour toujours**
**L'héritage Jenna Fox**, Mary E. Pearson
**La Forêt des Damnés**
**Rivage mortel**, Carrie Ryan

Das Buch

Aus Pommern, über das er in drei Büchern so unvergeßlich berichtet hat, stammt Christian Graf von Krockow, und obwohl er dort nur siebzehn Jahre verbrachte, liebt er dieses Land als Heimat – und nicht Göttingen, wo er seit vier Jahrzehnten, und zwar durchaus gern, lebt. »In der Kindheit also und nirgendwo sonst ist das angelegt, was wir Heimat nennen«, folgert er in dem vorliegenden Essay, in dem er in gewohnter Klarheit und Nüchternheit den Begriff Heimat definiert. Heimat ist darum auch eine ganz und gar persönliche und konkrete Erfahrung des einzelnen, und das Erinnern an diesen Erfahrungsraum der Kindheit sowie das Berichten über das darin Erlebte hält Krockow für außerordentlich wichtig, gerade dann, wenn die Heimat verloren ging. Aber so bedeutsam die Heimat für den einzelnen auch ist, für so ungeeignet, ja gefährlich, hält Krockow diesen Begriff, wenn er zum politischen Schlagwort wird. Mit vielen Beispielen aus der Literatur zeigt er, wie tiefempfundene Liebe des einzelnen zu seiner Heimat, vermengt mit den Begriffen Volk und Vaterland, zum Klischee verzerrt wird. Gerade in diesem Sinn ist das hier abgehandelte ein sehr deutsches Thema und Krockows Stellungnahme dazu außerordentlich klärend und wichtig.

Der Autor

Christian Graf von Krockow, 1927 in Rumbske (Pommern) geboren, studierte Soziologie, Philosophie und Staatsrecht. Als Professor für Politikwissenschaft lehrte er in Göttingen, Saarbrücken und Frankfurt am Main. Seit 1969 lebt er als freier Wissenschaftler und Publizist. Neuere Buchveröffentlichungen u.a.: ›Der Wandel der Zeiten‹ (1984), ›Die Reise nach Pommern‹ (1985), ›Die Reise nach Pommern in Bildern‹ (1987), ›Politik und menschliche Natur‹ (1987), ›Die Stunde der Frauen‹ (1988), ›Die Deutschen in ihrem Jahrhundert. 1890 – 1990‹ (1990), ›Fahrten durch die Mark Brandenburg‹ (1991).